Hoegg · Gute Lehrer müssen führen

Für Strohmeyer, Engel, Waldschmidt, Thome – und die Leute von der FüAk

Günther Hoegg

Gute Lehrer müssen führen

Dr. jur. Günther Hoegg ist seit über 20 Jahren im Schuldienst tätig. In zahlreichen Seminaren zeigt er Lehrerinnen und Lehrern, wie sie in der Schule führen und sich so das Leben leichter machen. Bei Beltz sind außerdem von ihm erschienen: »SchulRecht!«, »SchulRecht! von A bis Z« und »SchulRecht! für schulische Führungskräfte«.

Lektorat: Michael Kühlen

© 2012 Beltz Verlag · Weinheim und Basel
www.beltz.de
Herstellung: Sarah Veith
Satz: Renate Rist
Druck: Beltz Druckpartner GmbH & Co. KG, Hemsbach
Reihengestaltung: glas ag, Seeheim-Jugenheim
Umschlaggestaltung: Torge Stoffers, Leipzig
Umschlagabbildung: Matthias Tunger Photodesign
Vignetten: Roland Bühs, Bremen
Printed in Germany

ISBN 978-3-407-62819-0

Inhalt

Vorwort

Schreiben Sie nicht Ihren Namen in dieses Buch. Lassen Sie es nicht herumliegen. Schon gar nicht so, dass man es mit Ihnen in Verbindung bringen könnte. Versehen Sie es mit einem unauffälligen Schutzumschlag, falls Sie vorhaben sollten, es außerhalb Ihrer eigenen vier Wände zu lesen.

Schließlich geht es um ein Thema, über das man in der Schule nicht spricht: um Führung in der Schule. Diese bezieht sich vor allem auf das Führen von Schülern, aber auch Eltern als pädagogische Laien müssen von den Lehrkräften geführt werden. Und selbst Lehrkräfte, mit denen Sie als Leiter einer Fachschaft, als Schulleiter oder als anderer Funktionsträger zu tun haben, brauchen Führung. Natürlich könnten wir statt des Wortes »führen« die netten Wörter »beraten« oder »anleiten« nehmen und lägen damit voll im Trend. Aber eine solche Verschleierung ist eigentlich überflüssig.

Laut zu sagen, dass man bereit ist, andere Menschen zu führen, kann in der Schule schon als überheblich empfunden werden. Trotzdem gibt es Menschen, die führen wollen – oder führen müssen. Im Unterschied zur Wirtschaft oder zu Bereichen des täglichen Lebens spricht man in der Schule aber nicht offen davon. In einer Zeit, in der Referendare ihren Schülern in Vorführstunden statt Arbeitsaufträgen nur »stumme Impulse« geben sollen, kann man sich vorstellen, was passieren würde, falls sie das »F-Wort« gebrauchten. Ganz von selbst sollen die Schüler darauf kommen, wie sinnvoll es ist, Vokabeln zu lernen, Hausaufgaben zu machen und im Unterricht konzentriert mitzuarbeiten. So weit die Theorie.

Die Praxis sieht anders aus. Hier merken viele Kollegen recht schnell, dass sie Schüler und Eltern führen müssen, um die gesteckten Ziele zu erreichen. Allerdings entdecken sie auch: Niemand hat ihnen beigebracht, wie man Schüler und Eltern führt, worauf man dabei achten muss und welche Fehler man vermeiden sollte. Und vor allem hat man ihnen nicht das Wichtigste vermittelt, die Quintessenz aller schulischen Interaktionen: **Entweder führt man – oder man wird geführt.** Das war die schlechte Nachricht – und wir sind noch nicht am Ende. Dieses Buch ist leider nichts für Sie, falls Sie meinen,

- ▶ »führen« sei ein schlimmes Wort,
- ▶ Lehrer und Schüler seien gleichberechtigt,
- ▶ Schüler könnten selbst entscheiden, was für ihre Zukunft wichtig ist.

Spätestens jetzt sollten Sie sich überlegen, ob Sie das Buch nicht wieder unbemerkt zurück ins Regal stellen. Soll der Verlag doch darauf sitzen bleiben! Wie konnte er nur glauben, jemand könne ein Buch über Führung in der Schule kaufen.

 Für alle anderen: Bitte vorsichtig weiterlesen!

Denn ab jetzt sind Sie nur auf sich und Ihren eigenen Verstand angewiesen. Zwar werden Sie Ergebnisse der Lernpsychologie, der Spieltheorie und der allgemeinen Führungslehre vorgestellt bekommen, aber *Sie* müssen selbst entscheiden, welche Ergebnisse Ihnen einleuchten, welche sich auf Ihre Schulpraxis übertragen lassen, und vor allem, welche der vorgestellten Strategien Sie einsetzen wollen.

Was bekommen Sie in diesem Buch? Sie erhalten einen praxisbezogenen Überblick über das, was für Menschenführung bzw. Gesprächsführung in der Schule wichtig ist. Schließlich haben Sie als Lehrkraft keine Wahl: Da Sie mit meist minderjährigen Schülern zu tun haben, die naturgemäß ihre eigenen Interessen im Blick haben, müssen Sie als Erwachsener die Führung übernehmen. Und auch die Eltern, die sich bei Ihnen beschweren, müssen im Gespräch professionell geführt werden, damit die Kinder davon profitieren. Deshalb braucht jede Lehrkraft ein Minimum an Führungswissen.

Das Leitbild dabei ist das eines Schiedsrichters. Er ist unparteiisch und empfindet Verstöße der Spieler nicht als Angriff auf seine Person. Aber er sorgt dafür, dass das Spiel möglichst reibungslos läuft, indem er auf die Einhaltung der Regeln achtet. Bei ernsten Verstößen gibt es zuerst die Gelbe, bei einem weiteren Verstoß dann die Rote Karte – und der Spieler wird vom Platz gestellt.

Zwar ist es anstrengend, andere zu führen, weil man dadurch Verantwortung übernimmt. Viel bequemer ist es, alles laufen zu lassen und hinterher über das Ergebnis zu schimpfen. Allerdings kann derjenige, der führt, auch die Richtung vorgeben. Das aber geht nur, wenn man weiß, wohin man will. Man braucht also ein klares pädagogisches Ziel – und das gesunde Selbstbewusstsein, der Weg, den man als Profi vor Augen hat, sei besser als der, den Schüler, Eltern oder Kollegen ohne Führung nehmen würden. Glauben Sie das?

Zum Schluss die gute Nachricht: Man kann Führung lernen – wenn man will. Dafür gibt es einen guten Grund: Die Zeiten ändern sich. Nach der großen Freiheit und der Selbstverwirklichung der Schüler tauchte zuerst zaghaft das Wort »Verantwortung« auf, danach folgte »Grenze« in Verbindung mit der Forderung, Lehrer sollten Schüler nicht nur beraten, sondern auch »anleiten«, was nichts anderes als »führen« bedeutet.

Fazit: Der richtungslose stumme Impuls stirbt aus. Er wird von der (banalen) Erkenntnis abgelöst: Lehrkräfte sind pädagogische Führungskräfte, und sie müssen diese Führungsaufgabe zum Wohl der Schüler annehmen.

Sind Sie bereit zu führen? Dann geht's los.

I. Grundlagen

Es ist nicht so schwierig, andere Menschen zu führen, sofern man einige Grundregeln berücksichtigt. Man kann es also lernen, wenn man es denn will. Genau hier liegt das Hauptproblem vieler Lehrer: Einige *wollen* nicht führen, andere meinen, sie *dürften* nicht führen, weil sie dann das infrage stellen, was man ihnen an Hochschule und Seminar als pädagogisch unbedenklich beigebracht hat. Aber an der Schule spüren sie am eigenen Leibe sehr schnell den Unterschied zwischen Theorie und Praxis. Ehe sie sich versehen, geraten sie in kritische Situationen, in denen sie gezwungen sind zu führen. Dabei ist die erste Erkenntnis der Führungslehre ganz simpel:

 Wer nicht führt, der wird geführt.

In jeder Gruppe wird es über kurz oder lang eine offene oder versteckte Führung geben. Falls es die Lehrkraft nicht übernimmt, werden es einzelne Schüler oder eine Schülergruppe sein, die führen und damit die Richtung bestimmen.

Diese Variante halte ich für ungünstig, denn meiner Meinung nach ist niemand so prädestiniert, eine Klasse mit Kindern und Jugendlichen zu führen, wie die erwachsene ausgebildete Lehrkraft. Nicht nur die ihr verliehene Amtsautorität, sondern auch ihr Wissensvorsprung, ihre größere Reife und Lebenserfahrung sind Legitimation genug, um entsprechend aufzutreten und zu handeln. Deshalb gilt für jeden, der führen will (oder muss), sich im stillen Kämmerlein die alles entscheidende Doppelfrage zu stellen:

▶ Bin ich kompetenter als meine Schüler?
▶ Bin ich (in pädagogischen Fragen) kompetenter als ihre Eltern?

Wer diese beiden Schlüsselfragen, ohne zu zögern, mit Ja beantwortet, erfüllt eine wichtige Voraussetzung, um überzeugend zu führen.

1. Führungsstile

Anders als in vielen Büchern, in denen man, um nur einige zu nennen, zwischen einem autoritären, kooperativen, demokratischen, informierenden, beratenden, situativen, transaktionalen, transformativen oder systemischen Führungsstil differenziert, sollen hier nur drei Varianten unterschieden werden:
▶ die scheinbare Führung,
▶ die indirekte Führung und
▶ die direkte Führung.

1.1 Scheinbare Führung

Eine echte Führung birgt immer das Risiko, auch falsche Entscheidungen zu treffen, die dann auf denjenigen zurückfallen, der die Führung hat. Solange dies die Ausnahme bleibt, ist die Autorität noch nicht gefährdet, häufen sich jedoch die Fehlentscheidungen, so bedrohen sie den Führungsanspruch. Die Frage ist also: Wie kann man Entscheidungen und damit eventuelle Fehlentscheidungen vermeiden, ohne deshalb seinen Führungsanspruch aufzugeben? Die Antwort lautet: durch eine nur scheinbare Führung.

Wer aufmerksam das politische Geschehen verfolgt, kann diese Technik in Reinkultur studieren. Nehmen wir an, es muss eine wichtige Entscheidung gefällt werden, ohne dass abzusehen wäre, was sich später als richtig oder falsch herausstellt. Die Strategie der scheinbaren Führung besteht darin, sich zu dieser Frage möglichst bald möglichst markant zu äußern, ohne jedoch eine klare Position zu vertreten. Dazu gibt man einfach Dinge von sich, die zwar richtig sind, aber nichts aussagen: »Das ist ein wirklich ernstes Problem, dem wir unsere ganze Aufmerksamkeit widmen werden und das einer klaren Entscheidung bedarf.« Mehr sagt man nicht. Vielleicht verweist man noch auf die offenkundigen Vor- und Nachteile der Problematik, ohne sich aber festzulegen.

Mit einer solchen Äußerung kann man nicht anecken. Durch die markante Nullaussage hat man jedoch den eigenen Führungsanspruch herausgestellt. Nun zieht man sich zurück und wartet ab, wie die Kommentare derjenigen sind, die dazu ebenfalls etwas zu sagen haben. Dies wird sorgfältig registriert, analysiert und gewichtet, indem man den Einfluss der sich Äußernden berücksichtigt. Dann tritt man wieder an die

Öffentlichkeit, verkündet die vorherrschende Meinung, gibt sie aber als eigene Führungsentscheidung aus, die man angeblich natürlich von Anfang an hatte: »Ich bleibe bei dem, was ich schon immer vertreten habe. Die einzig richtige Entscheidung ist …« Der Trick der scheinbaren Führung besteht darin, einfach dreist zu behaupten, man sei schon immer dieser Meinung gewesen.

Ein wesentlicher Unterschied zu der Variante, einfach alles laufen zu lassen, besteht darin, am Anfang und Ende bewusst den eigenen Führungsanspruch zu betonen. Wird diese Strategie sprachlich geschickt verpackt, wird sie von vielen Menschen nicht durchschaut. Deshalb erfreut sie sich auch zunehmender Beliebtheit, und zwar nicht nur in der Politik, sondern auch bei anpassungsfähigen Schulleitern.

Fazit: Die scheinbare Führung funktioniert, wenn ausreichend Zeit vorhanden ist, um die allgemeine Stimmung einzufangen und auszuwerten. Man spielt »auf Zeit«, um sich von der Haltung derjenigen, die man führen will, ein Bild zu machen. Muss eine Entscheidung jedoch unverzüglich gefällt werden, ist echte Führung notwendig.

1.2 Indirekte Führung

Sie ist eine Domäne der weiblichen Lehrkräfte, weil Frauen in der Regel einen anderen Führungsstil als Männer pflegen. Die indirekte Führung ist ausgesprochen gut geeignet, um grundsätzlich kooperative Kollegen, verständige Eltern oder Schüler über ein Gespräch zu führen, sie stößt aber an ihre Grenzen bei renitenten Eltern, Schülern oder Kollegen.

Was sind Voraussetzungen und Merkmale der indirekten Führung? Sie funktioniert nur, wenn die höhere Position der schulischen Führungskraft anerkannt und nicht offen infrage gestellt wird. Dann vermeidet dieser Führungsstil unangenehme Konfrontationen, weil er auf Kooperation und die stillschweigende Übereinkunft setzt, sich gegenseitig Gefallen zu erweisen. Die indirekte Führung ist weniger durch klare Anweisungen geprägt als durch Vorschläge oder geschickte Fragen, die eine zustimmende Antwort vorbereiten, wie z. B.:

▶ Wäre es nicht schön, wenn die Schüler einen Kalender basteln würden?
▶ Sollten wir nicht mal wieder eine Teamsitzung abhalten?
▶ Könntest du das nicht besser der Klasse mitteilen?

Auffällig ist: Es werden keine einfachen, klaren Fragen gestellt. Vielmehr wird gerne das suggestive »nicht« eingebaut, das eine Verneinung erschwert, und die Fragen werden zusätzlich meist im Konjunktiv formuliert, um sie abzumildern. Trotzdem wird die Botschaft verstanden, und der Angesprochene wird, wenn er nicht unhöflich erscheinen will, zustimmen.

Als durchgängiges Sprachschema fand man dies bei der Super-Nanny, die selbst noch in schlimmsten Situationen diesen weichen Sprechstil pflegte. Schlug also Kevin, unser Beispielschüler, auf seinen kleinen Bruder Marvin ein, so hörte sich die einfühlsame pädagogische Reaktion wie folgt an: »Kevin, könntest du dir vorstellen, nicht weiter auf Marvin einzuschlagen?«

Obwohl kein korrektes Zitat, haben Sie sicher verstanden, worum es geht. Vor allem, falls Kevin sich *nicht* vorstellen kann, mit dem Schlagen aufzuhören.

Der Vorteil der indirekten Führung besteht darin, dem Geführten durch die sprachlich weiche Verpackung das Gefühl zu ersparen, geführt zu werden. Schließlich muss er nicht stumpf eine klare Anweisung ausführen, sondern wird nett gefragt und erweist dem Fragenden einen Gefallen.

Varianten bzw. Unterformen der indirekten Führung sind die **Salamitaktik** und der Trick der letzten Sekunde, auch **Columbo-Technik** genannt.

Die Salamitaktik nutzt die Erkenntnis eines psychologischen Experiments aus, bei dem man herausfand, dass Menschen zu größeren Zugeständnissen bereit sind, wenn man sie erst nur um eine Kleinigkeit bittet. Wird diese gewährt, ist es für die meisten Menschen fast unmöglich, später ein weiteres, größeres Verlangen abzuschlagen. Wer diese Erkenntnis nutzt, wird zunächst nur freundlich um eine Bagatelle bitten und später immer weiter draufsatteln. Dabei wird die erste Frage der »Salami« regelmäßig mit Wörtern garniert, die die Mühelosigkeit und/oder den geringen Zeitaufwand betonen: »Könntest du mal eben schnell für mich …?«

Wer noch die Krimiserie »Columbo« kennt, dem ist vielleicht ein immer wiederkehrender Trick des schlecht gekleideten und naiv wirkenden Kommissars aufgefallen: Er beendet seine harmlose (und unergiebige) Befragung des Verdächtigen und verabschiedet sich – doch dann dreht er sich auf der Türschwelle um und stellt seine letzte, entscheidende Frage. Was wird durch diesen Trick bewirkt? Der Verdächtige ist so lange auf der Hut und leistet geistigen Widerstand, wie die eigentliche Befragung dauert. Im Moment der Verabschiedung entspannt sich sein Gehirn, weil die Gefahr ja offensichtlich überstanden ist.

Und jetzt kommt die entscheidende Frage, die den Verdächtigen überrumpelt, weil sein Gehirn nicht mehr mit Attacken rechnet. Genau diese Taktik wird gerne von Vertretern der indirekten Führung verwendet: Man plaudert nett miteinander und ist schon in der Phase, sich gut gelaunt voneinander zu verabschieden. Und dann, in der letzten Sekunde des Zusammenseins, in der man ganz entspannt ist, kommt die fragende Bitte, dieses oder jenes doch noch zu erledigen. Beobachten Sie sich einmal selbst in solchen Situationen: Das Gehirn kann gar nicht so schnell auf Ablehnung schalten, wie man reflexartig Ja sagt.

Fazit: Die indirekte Führung funktioniert gut bei grundsätzlich kooperativen Eltern und Kollegen. Für junge Schüler hingegen stellt sie nicht immer die beste Variante dar.

1.3 Direkte Führung

Sie ist geeignet für junge und problematische Schüler, weil sie klare Verhältnisse schafft. Sie ist offen und ehrlich, sagt klar, was sie will, und artikuliert deutlich, wer wem etwas zu sagen hat. Die direkte Führung verzichtet darauf, über suggestive Fragen die andere Seite zu einem bestimmten Verhalten zu bewegen. Stattdessen gibt sie klare Anweisungen, die zu befolgen sind.

Die Legitimation dieses Führungsstils in der Schule besteht darin, dass Lehrkräfte als Erwachsene vieles besser wissen und Konsequenzen weitreichender überblicken können. Sie sind nicht nur älter – das sind die Eltern auch –, sondern haben eine spezielle pädagogische Ausbildung erfolgreich abgeschlossen. Wer bereits mehrere Jahre im Schuldienst ist, verfügt zudem über eine breite empirische Erfahrung hinsichtlich dessen, was in der Praxis tatsächlich funktioniert bzw. was nicht funktioniert.

Der Vorteil der direkten Führung liegt in ihrer Kürze. Es muss keine Überzeugungsarbeit geleistet, es muss nicht lange nachgedacht, sondern die Anweisung muss nur befolgt werden. Dass Schüler den Anweisungen ihrer Lehrkraft unverzüglich folgen, ist immer dann notwendig, wenn die Gefahr besteht, dass Mitschüler verletzt werden oder Situationen außer Kontrolle geraten.

Einige Kollegen meinen, diese Art, Schüler zu führen, sei pädagogisch unverantwortlich. Sie finden, die Schüler würden »fremdbestimmt«, einer Diktatur der Erwachsenen unterworfen und seien deshalb nicht frei.

Diese negative Sicht kann ich nicht teilen, weil die direkte Führung ein hohes Maß an Sicherheit vermittelt, die eine wichtige Voraussetzung für die freie Entfaltung ist. Deshalb braucht man auch keine Angst zu haben, durch klare Anweisungen die Gunst der Schüler zu verlieren. Schüler spüren nämlich sehr schnell, was hinter einer zuerst unangenehmen Anweisung steckt. Sie mögen Menschen, die sich um sie kümmern, und sie wünschen sich Lehrer, vor denen sie Respekt haben können.

Der Grund, warum diese Art der Führung vernachlässigt wird, hängt vielleicht mit den Konsequenzen zusammen: Wer direkt führt, muss seinen Führungsanspruch auch gegen Widerstand behaupten, um seine Autorität nicht aufs Spiel zu setzen. Zudem trägt er die Verantwortung für etwaige Fehlentscheidungen.

 Echte Führung ist Macht und Verantwortung.

Trotzdem meine ich, eine professionell ausgebildete Lehrkraft sollte auch diesen Führungsstil beherrschen und anwenden, falls es erforderlich ist. Bei einem deutlichen Fehlverhalten nicht einzugreifen, sondern nur zu sagen: »Du wirst später schon sehen, was du davon hast!«, wird der pädagogischen Verantwortung nicht gerecht, die man als Erwachsener und besonders als ausgebildeter Pädagoge hat.

Allerdings glaube ich nicht, dass diese Methode universell anwendbar und in jedem Fall der indirekten Variante überlegen ist. Es ist wie so oft im Leben: Es kommt darauf an, und zwar auf die Situation und auf diejenigen, die man führen will.

Fazit: Die direkte Führung ist geeignet für kritische Schüler und schwierige Situationen. Sie ist schnell und vermittelt Sicherheit.

2. Äußere Faktoren

2.1 Kleidung

Die Welt ist ungerecht. Egal, wie gut man als Lehrkraft tatsächlich ist, Schüler und Eltern werden ihren ersten Eindruck von uns über das Aussehen gewinnen. Das Tückische am ersten Eindruck ist, dass er in nur zehn Sekunden erstellt wird, aber mindestens zehn Jahre hält und später kaum noch zu korrigieren ist, weil das menschliche Gehirn das Einfache dem Komplizierten vorzieht. Für Schüler ist es also wesentlich einfacher, den ersten Eindruck beizubehalten und später nur noch wahrzunehmen, was diesen Eindruck verstärkt, aber das zu ignorieren, was ihm widerspricht. »Selektive Wahrnehmung« nennen die Psychologen diesen für das Gehirn effektiven Prozess, mit dem man als Lehrkraft leider leben muss.

 Für den ersten Eindruck gibt es keine zweite Chance.

Weil dies so ist, sollte man in seine erste Begegnung mit einer neuen Klasse nicht einfach so hineinstolpern, sondern sich vorher Gedanken darüber machen. Der erste Eindruck wird maßgeblich durch die Kleidung geprägt, eine Erkenntnis, die in vielen Berufen berücksichtigt wird, leider aber immer noch nicht bei Lehrern. Insbesondere männliche Lehrer zeichnen sich durch ausgesprochen saloppe Kleidung aus, die ihnen den Umgang mit Schülern und Eltern nicht erleichtert, sondern erschwert.

Dass deutsche Schüler im Prinzip nur eine Art von Kleidung kennen, nämlich Freizeitkleidung, ist nachvollziehbar, weil die Schule für sie keine Arbeitsstätte ist, an der eine bestimmte, angemessene Kleidung getragen werden muss. Allerdings kennen Schüler von ihren Eltern sehr wohl den Unterschied zwischen Freizeitkleidung und Arbeitskleidung. Selbst wenn die Eltern zu Hause salopp gekleidet herumlaufen, werden sie sich deutlich besser anziehen, wenn sie als Bankangestellte oder als Autoverkäufer arbeiten.

Stellen nun Schüler bei einem Lehrer fest, dass er in der Schule eigentlich Freizeitkleidung trägt, so werden sie daraus schließen, der Kollege betrachte seine Tätigkeit nicht als Arbeit, sondern wohl eher als Freizeit. Als Folge davon können sie als Schüler doch die Schule ganz locker angehen, denn schließlich begibt sich der Lehrer, was die Kleidung angeht, ebenfalls auf ihre freizeitliche Ebene. So wird er kleidungsmäßig zum Kumpel, der zwar Vorschläge machen darf, aber nicht den Anspruch erheben kann, Weisungen zu erteilen.

Mir ist bewusst, wie dieser formale Ansatz bei all denen auf Unverständnis stößt, die durch ihre saloppe Kleidung ihre Persönlichkeit ausdrücken wollen. Sie wollen sich nicht »verkleiden«, sondern ungefiltert zeigen, wer sie sind und wie sie sich fühlen. Das ist natürlich möglich, erleichtert aber nicht die Führung von Schülern in kritischen Situationen. Wer also das Gefühl hat, die Schüler würden ihn nicht genügend respektieren, hat mit professioneller Kleidung die Möglichkeit, seinen Führungsanspruch sichtbar zu unterstreichen.

Leider ist das Selbstwertgefühl der Lehrkräfte in den letzten Jahren von Politikern (»Lehrer sind faule Säcke«) und Elternschaft (»Lehrerhasserbuch«) arg beschädigt worden. Sehr zu Unrecht und letztlich zum Nachteil der Schüler. Entgegen anderslautenden Ansichten meine ich: Lehrkräfte sind hoch qualifizierte schulische Führungskräfte. Sie sind gebildet, vielseitig interessiert, lesen anspruchsvolle Zeitschriften und Bücher und verdienen so gut, dass sie meist Einfamilienhäuser bewohnen. Kurzum, sie sind »Manager des Bildungswesens«, die sich auch dementsprechend selbstbewusst kleiden dürfen.

Eine bestimmte Kleidung zu tragen, um gezielt ein Bild von sich zu vermitteln, ist angewandtes psychologisches Grundlagenwissen, das man überall entdecken kann. Stellen Sie sich einmal die Werbung für ein Medikament vor, bei der der Arzt oder Apotheker nicht einen weißen Kittel, sondern Jeans und ein labberiges Sweatshirt tragen würde. Was würde man mit dem so dargebotenen Medikament wohl verbinden?

Wer als Lehrer auf seine Kleidung keinen Wert legt, macht den Schülern deutlich, wie wenig er sich und sein Äußeres für wichtig hält. Wenn aber schon *er* sich nicht für wichtig hält, warum sollten es dann seine Schüler tun? Diese legen nämlich großen Wert auf ihre Kleidung. Zwar in einer Art und Weise, die nicht den Maßstäben der Erwachsenen entspricht, aber sie benutzen Kleidung, um sich (in ihrem Sinne) möglichst positiv darzustellen. Die entscheidende Frage ist also: Welche Botschaft wollen *Sie* durch Ihre Kleidung vermitteln? Wie wollen Sie »rüberkommen«? Als Kumpel oder als Respektsperson? So, wie Sie sich kleiden, werden Sie auch behandelt. Sie sind lebende Werbung für sich selbst.

 So, wie man sich kleidet, verhalten sich die Schüler.

Zugegeben, das alles ist oberflächlich und hat nicht unbedingt etwas mit Ihren tatsächlichen Charaktereigenschaften zu tun. Aber die Tatsache, einen Effekt als oberflächlich zu erkennen, lässt ihn nicht verschwinden. Also ist es besser, den Eindruck durch Kleidung *für* sich zu nutzen, als ihn gegen sich wirken zu lassen.

Ich werde mich nicht versteigen, irgendwelche ausgefeilten Dresscodes vorzuschlagen. Dennoch möchte ich Ihnen einige Tipps geben: Es ist ungünstig, mehrere Tage hintereinander oder immer an einem Wochentag, z. B. montags, dieselbe Kleidung zu tragen. Das führt zu Äußerungen wie: »Ach, sie hat wieder ihr Montagskleid an.« Sollte die Kollegin nach längerer Zeit einmal ihr Montagskleid an einem anderen Tag tragen, so wird dies zu heiterer Verunsicherung führen: »Haben wir denn heute Montag?« Fragt man Schüler einmal, welche Dinge sie am Äußeren einer Lehrkraft stören, so sind neben der oben genannten fehlenden Abwechslung dies die meistgenannten Punkte:

- hautenge Kleidung bei üppiger Körperfülle
- große Dekolletés (empfinden auch Jungen als störend)
- freie Schultern mit Blick auf die Achselhöhlen
- Mundgeruch, Schweißgeruch
- fettige Haare, Haarbüschel in den Ohren
- nackte Füße

Damit wir uns nicht missverstehen: Die Kleidung hat nichts damit zu tun, ob Schüler einen Lehrer mögen oder nicht. Aber sie entscheidet darüber, in welchem Maße Schüler einen Lehrer *als Autoritätsperson* respektieren.

Ein wichtiger Bestandteil der Kleidung sind die Schuhe. Natürlich stellen Schüler nicht mit geübtem Blick fest, ob es sich um rahmengenähte Qualitätsschuhe aus England oder um geklebte Billigschuhe aus China handelt, aber sie erkennen, ob die Schuhe gepflegt sind. Anders als in südeuropäischen Ländern (Italien oder Spanien) sieht man bei uns oft ungepflegte Schuhe, weil ihre Träger meinen, dort unten würde doch niemand hinschauen. Weit gefehlt. Der Blick auf die Schuhe ist immer besonders aufschlussreich, weil er verrät, wie weit der Pflegebereich des Gegenüberstehenden reicht.

Aber auch unter einem anderen Aspekt sind Schuhe für eine Lehrkraft wichtig: Der Beruf bringt es mit sich, den Großteil des Tages auf den Beinen zu sein, zu stehen oder zu gehen. Wer dies in Schuhen ohne vernünftiges Fußbett tut, ist am Ende des Schultages nicht nur psychisch erschöpft, sondern auch physisch – er weiß nur nicht, weshalb, oder täuscht sich über die wahre Ursache. Was meinen Sie, warum Verkäufer und professionelle Kellner besondere Schuhe tragen? Sie haben erfahren, wie wichtig ein gutes Fußbett für ein ermüdungsarmes Gehen und Stehen ist.

Zudem tritt man in guten Schuhen bzw. mit einem ausgeprägten Fußbett ganz anders auf. Man sackt im Laufe des Schultages nicht immer mehr in sich zusammen, sondern steht und geht aufrecht und vermittelt somit den Schülern einen anderen Eindruck. Sie dürfen gerne darüber lächeln, dass in einem Buch, das sich der Führung von Menschen widmet, solch banale Dinge angesprochen werden. Falls Sie jedoch nach anstrengenden Schultagen häufig Ihre Füße oder Ihren Rücken spüren, sollten Sie einmal den Versuch wagen und sich ein Paar Einlegesohlen mit ausgeprägtem Fußbett kaufen. Der schlimmste Fall wäre, 10 Euro auszugeben und keine Verbesserung zu spüren, was ich aber nicht glaube. Im Regelfall spüren Sie sofort, wie Sie besser stehen, gehen und anders auftreten.

2.2 Körperhaltung und Blickkontakt

Mit den Schuhen haben wir eigentlich schon den geschmeidigen Übergang zur Körperhaltung. Diese drückt einen Führungsanspruch aus – oder aber den Verzicht darauf. Manchmal kann es sinnvoll sein, während einer Stillarbeitsphase ruhig am Lehrertisch zu sitzen, das sollte jedoch nicht die typische Körperhaltung sein. Wer an seinem Lehrertisch sitzt, begibt sich damit körperlich auf das Niveau der Schüler, was diese instinktiv spüren. Für bestimmte Aktivitäten kann das hilfreich sein, für schwierige Situationen ist es eher kontraproduktiv. Da man meist hinter dem Schreibtisch sitzt, besteht zudem eine Barriere zwischen Lehrer und Schüler. Manche Kollegen empfinden das als wohltuend, weil der Lehrertisch ihnen Schutz bietet. Leider hemmen Position und Tisch auch ihre körperliche Präsenz.

Wer hingegen steht, und zwar *vor* dem Lehrertisch, entfaltet eine viel stärkere Wirkung und demonstriert seinen Führungsanspruch. Gerade zum Beginn und zum Ende der Unterrichtsstunde sollten Lehrkräfte deshalb stehen und durch den Raum gehen. Schließlich ist jeder Raum, in dem sie sich mit Schülern befinden, ihr Revier.

Nun zum Blickkontakt: Fragt man Menschen, was der Auslöser war, sich in jemanden zu verlieben, so wird häufig ein magischer Blickkontakt genannt. Und wer in bestimmten Stadtvierteln einer Gruppe von betrunkenen jungen Männern begegnet, der wird vermeiden, ihnen direkt in die Augen zu sehen. Auch große, unbekannte Hunde sollte man nicht anstarren, weil es sie provoziert. Was ich mit diesen Beispielen sagen möchte, ist Folgendes: Die Art des Blickkontaktes sagt manchmal mehr über uns und unsere Haltung als unsere Worte. Der Blick ist vor allem authentischer. Mit Worten etwas zu sagen, was wir nicht meinen, ist nicht so schwierig, aber einen Blick zu verstellen, ist quasi unmöglich.

Ist man sich über die Folgen unterschiedlichen Blickkontakts erst einmal klar geworden, kann man auch die Blickführung zu seinen Gunsten ändern. Bedauerlich ist, dass dieses wichtige Thema in der Lehrerausbildung noch keinen Platz gefunden hat. Stattdessen diskutiert man stundenlang darüber, ob man besser mit Beamer, Whiteboard oder Tafel arbeiten sollte, was den Schülern nun wirklich ziemlich egal ist.

Der erste Schritt besteht darin, die enorme Bedeutung zu erkennen, die der Blickkontakt für die Führung von Schülern hat. Fragen Sie sich einmal selbstkritisch, ob Sie in der letzten Stunde alle Ihre Schüler angeschaut haben. Damit meine ich nicht den allgemeinen pauschalen Blick, mit dem man ein Mal die Schüler »scannt«, sondern ich meine einen Blick, der jeden einzelnen Schüler erfasst, indem man ihm bewusst in die Augen sieht.

 Jemanden anzuschauen schenkt ihm gezielte Aufmerksamkeit.

Die durchschnittliche Lehrkraft schafft es nicht, in einer Unterrichtsstunde alle Schüler mindestens einmal gezielt anzuschauen, was verständlich ist, da man ja auch noch an viele andere Dinge denken muss. Aber selbst über mehrere Stunden hinweg gibt es häufig eine Schülergruppe, die nicht gezielt angeschaut wird, nämlich die große Mitte. Diese eher unauffälligen Schüler beim Blickkontakt zu vernachlässigen ist ungünstig, weil man sie in Krisensituationen dringend als Unterstützung benötigt (siehe S. 58). Überlegen Sie einmal, wen Sie längere Zeit nicht mehr intensiv angeschaut haben, und versuchen Sie, dies in der nächsten Stunde nachzuholen, um Ihre Aufmerksamkeit gleichmäßig zu verteilen.

Hilfreich ist es auch, den sogenannten »**Lehrerblick**« zu beherrschen, weil er störendes Verhalten der Schüler korrigiert, ohne die Unterrichtung zu unterbrechen. Da er keine Sprache benötigt, vermeidet er eine offene Konfrontation. Beim Lehrerblick als Steuerungsmaßnahme muss Kevin sich nicht rechtfertigen, weil andere Schüler den Blick meist gar nicht mitbekommen. Es ist ein guter erster Schritt, um wieder die Führung zu übernehmen, weil Sie sich durch den Blick noch nicht festlegen. Sie bekommen Zeit zum Überlegen und lassen offen, was als Nächstes passieren wird. Dieser Blick gleicht damit den Farbklecksbildern, die Psychologen ihren Patienten vorlegen und die von jedem entsprechend seiner Gefühlslage gedeutet werden.

Welche Botschaft soll der Lehrerblick transportieren? Er muss mit hochgezogenen Augenbrauen leicht vorwurfsvoll ausdrücken: »Ich habe dich gesehen und weiß, was du als Nächstes vorhast. Und falls du das machst, weiß ich genau, was ich tun werde. Du kannst mich nicht überraschen, also denk nicht einmal daran.« Dies alles umfasst der intensive Lehrerblick, der nicht viel länger als eine Sekunde dauert und der tatsächlich kritische Situationen im Ansatz stoppen kann.

Da gerade Kinder aus problematischen Elternhäusern lernen mussten, auf die allerkleinsten Signale ihrer teilweise unberechenbaren Eltern zu reagieren, sind sie sehr gut darin, die Qualität von Blicken, dem intensivsten Mittel der nonverbalen Kommunikation, einzuschätzen. Seit frühester Kindheit haben sie sich im Spiel »Wer schaut zuerst weg?« geübt und übertragen dessen Prinzip auch auf die Schule. Herausfordernd (»Was guckst du?«) suchen sie den Blick des Lehrers und analysieren seine Reaktion. Schaut er weg, wird er als schwach eingeschätzt, hält er dem Blick stand, wird er als stark eingeschätzt. Auch Kevin setzt, um sein Verhältnis zu anderen zu definieren, seinen Blick als »Waffe« ein. Dabei schaut er seinem Gegenüber regelmäßig direkt in die Augen.

Um diesen Blick zu kontern, sollte man als Lehrkraft den sogenannten **Keilblick** einsetzen. Dabei wird nicht in die Augen, sondern auf die Nasenwurzel des Gegenübers geschaut. Der Vorteil besteht darin, dass der andere sich zwar intensiv angeschaut fühlt, sein Blick Sie jedoch nicht erreichen kann und »abgleitet«, sodass er irgendwann wegschaut.

Es mag kindisch erscheinen, den Wert oder die Position eines Menschen davon abhängig zu machen, wie man jemanden anschaut, aber das erkennt Kevin noch nicht. Seine Hierarchie wird noch nach steinzeitlichen Mustern erstellt, obwohl er den Kontakt zu seinen Freunden vor allem über Facebook hält.

2.3 Stimme und Wortwahl

Das, was eine Lehrkraft macht, zählt letztlich mehr als das, was sie sagt. Bei dem, was sie sagt, ist aber das Wie wichtiger als der objektive Inhalt. Wer sich also die Führung von Schülern erleichtern möchte, sollte in einer bestimmten Art und Weise sprechen, denn die Stimme ist unser akustisches Aushängeschild. Immer wieder erlebt man Kollegen, die ihren Schülern Anweisungen geben wollen, diese aber so betonen, als sei es das Wort zum Sonntag – und sich dann darüber wundern, warum die Schüler sie nicht befolgen.

Amerikanische Anwälte, die eine Jury von Geschworenen auf ihre Seite bringen müssen, wissen genau um die Bedeutung der Stimme und besuchen entsprechende Kurse. Denn es gibt Untersuchungen, die klar belegen, wie eine bestimmte Sprechweise den Sprecher deutlich überzeugender wirken lässt. Die hieraus resultierenden Erkenntnisse braucht man als Lehrer nicht, wenn man in einem Philosophiekurs über den Sinn des Lebens diskutieren will, sie sind aber hilfreich, wenn man seiner Klasse zentrale Verhaltensregeln vermitteln will.

Dass man als Lehrer laut und deutlich sprechen sollte, gehört zum Grundwissen und muss hier nicht vertieft werden. Entscheidend für die Wirkung auf die Zuhörer sind besonders Stimmlage und Betonung bzw. die Satzmelodie. Was versteht man nun darunter? Es ist der Verlauf der Tonhöhe innerhalb eines Satzes. Bei einer Frage hebt man zum Ende des Satzes die Stimme (↗), bei einer Aussage wird die Stimme gesenkt (↘), bei einem Befehl sinkt sie auch, aber nur ein wenig. Sprechen Sie einmal laut vor sich hin:

▶ Gibt er ihm das Buch? ↗
▶ Er gibt ihm das Buch. ↘
▶ Gib mir endlich das Buch! ↘

Die Satzmelodie kann folglich die Aussage des Lehrers unterstützen oder ihr unbewusst widersprechen, was den Schülern nicht entgeht. Vor allem bei jüngeren Kollegen stellt man fest, dass auch Anweisungen manchmal wie Fragen betont werden, vermutlich, weil man mit einer Frage die Aufmerksamkeit der Zuhörer auf sich ziehen kann.

Viele Kollegen merken hingegen gar nicht, wie sie einen fragenden Tonfall so verinnerlicht haben, dass sie ihn auch (sinnwidrig) für Anweisungen nutzen. Im besten Fall sind die Schüler nur verwirrt und wissen nicht, ob die Anweisung ernst gemeint ist, im schlimmsten Fall erkennen sie an der Satzmelodie die Unsicherheit der Lehrkraft und ignorieren einfach die Anweisung.

Eine steigende Satzmelodie (Frage) erzeugt Spannung und lässt den Sachverhalt offen, eine sinkende Satzmelodie löst die Spannung und schließt etwas ab (»Heute ist Montag.«). Wer seinen Schüler also Sicherheit vermitteln möchte, sollte seine Sätze als unumstößliche Aussagen formulieren: »In meinem Unterricht wird nicht gegessen«, und Imperative auch entsprechend betonen: »Leg dein Brötchen weg!«

Gerade nach der sprachlichen Prägung durch Hochschule und Seminar, wo Fragen dominierten, bedarf es einiger Übung, sich einen anderen Tonfall anzutrainieren. Aber es geht und erleichtert die Führung von Schülern enorm. Schließlich transportiert die Stimme unseren Willen nach außen und macht seine Stärke oder Schwäche hörbar.

Wer mit bestimmter Stimme spricht, wirkt sicher.

Der zweite für die Führung wichtige Punkt ist die Stimmlage. Natürlich reagieren Schüler auch auf große Lautstärke in der Ansprache. Allerdings entfaltet große Lautstärke nur eine kurze Wirkung, und bei häufigem Einsatz kommt es zu einem Gewöhnungseffekt. Es kann also durchaus sinnvoll sein, auch einmal laut zu werden, aber man sollte sich davon nicht allzu viel versprechen. Ich habe Kollegen (hier männliche gemeint) erlebt, die eine unruhige Klasse fast fünf Minuten lautstark »zusammengefaltet« haben. Ergebnis: Die anschließende Ruhe war kürzer als die lautstarke Rede des Kollegen.

Nachhaltig ist hingegen das Sprechen in der richtigen Stimmlage. Zwar hat jeder Lehrer eine ihm eigene Stimmlage, die ihm am angenehmsten ist, aber man kann sie ändern, falls man es möchte. Wenn Sie das Gefühl haben, Ihre Stimme würde das Gemurmel der Schüler nicht durchdringen, und Sie neidisch Kevin lauschen, dessen Stimme so schneidend ist, dass man ihn überall heraushört, dann sind wir am Kern des Problems.

Rhetoriklehrer reden vom »**Metall in der Stimme**«, wenn man jemanden überall heraushört. Dieser Effekt entsteht, sobald man »vorne spricht«, d. h. die Töne im vorderen Teil des Mundes bildet. Es mag Sie überraschen, aber man kann fast alle Laute vorne oder hinten bilden und damit ganz unterschiedliche Wirkungen erzielen. Wird das Gesprochene hinten gebildet, klingt es tiefer und beruhigender. Werden die Laute hingegen vorne erzeugt, klingen sie heller, dringen besser durch und erzeugen mehr Aufmerksamkeit. Probieren Sie es einmal aus und versuchen Sie, die folgenden Sätze hinten bzw. vorne zu sprechen:

▶ Ich werde versuchen, hinten zu sprechen.
▶ Ich werde versuchen, vorne zu sprechen.

Es müsste Ihnen nicht nur gelingen, sondern Sie müssten auch die dunklere bzw. hellere Stimmlage hören. Um zu trainieren, vorne zu sprechen, kann man folgende Kunstwörter mehrfach hintereinander aussprechen, wobei die zweite Silbe betont werden sollte : appá, akká, attá.

Abgesehen davon muss die Stimme des Lehrers vor allem in kritischen Situationen Kompetenz und Professionalität ausdrücken und darf nicht durch große Emotionalität gekennzeichnet sein. Das schützt Sie davor, zu viel von sich selbst preiszugeben. Damit wir uns nicht missverstehen: Natürlich sollen Sie lebhaft sprechen und die Vermittlung von Unterrichtsinhalten durch Ihr engagiertes Sprechen mitreißend präsentieren. Sobald jedoch Schwierigkeiten auftauchen, sollte die Stimme professionell und distanzierter wirken.

3. Zusammenfassung

Sie haben in Bezug auf Schüler oder Eltern durch Ihre Ausbildung das größere pädagogische Wissen und durch die Tätigkeit in der Schule zumeist auch eine größere pädagogische Praxiserfahrung. Als Schulleiter, Koordinator oder Leiter einer Fachschaft besitzen Sie in der Regel zudem ein größeres Fachwissen. Dies alles begründet Ihren Führungsanspruch. Selbst wenn Sie nicht führen wollen, gibt es Situationen, in denen Sie nicht umhinkommen, die Führung zu übernehmen, weil man es von Ihnen erwartet.

Beherzigen Sie dabei die folgenden Sätze:

► Wer nicht selbst führt, der wird geführt.
► Man muss wirklich führen wollen, um es überzeugend zu tun.
► Verzichten Sie möglichst auf die scheinbare Führung.
► Führen Sie indirekt bei kooperativen Gegenübern.
► Führen Sie direkt in kritischen Situationen.
► Kleiden Sie sich wie eine Führungskraft.
► Setzen Sie Blickkontakt gezielt ein.
► Sprechen Sie nicht fragend, sondern vermitteln Sie durch Ihre Stimme absolute Gewissheit.

II. Führen von Schülern

ICH LASSE GERNE ÜBER REGELN DISKUTIEREN –
ABER NICHT MIT MIR!

1. Hinführung

Das schulische Leben wäre viel einfacher, wenn Schüler durch Elternhaus und Kindergarten darauf vorbereitet wären, grundsätzlich die Autorität des Lehrers zu akzeptieren und seinen Anweisungen zu folgen. Dann wäre die Führung der Schüler ein Kinderspiel. Leider ist die Wirklichkeit deutlich anders: Die Schüler erreichen verunsichert die Schule. Nicht, dass es ihnen an Selbstbewusstsein mangelt, nein, das kann man nicht sagen. Trotzdem gibt es eine generelle Unsicherheit darüber, wer letztlich bestimmt, was gemacht wird. Und da die Regeln des Elternhauses nicht unbedingt mit denen der Schule übereinstimmen, ist es für viele Schüler schwierig, sich der neuen Situation anzupassen.

Dies gelingt umso leichter, je früher und je deutlicher der Lehrer die Schüler führt und ihnen die in der Schule geltenden Grenzen vermittelt. Es ist ein Missverständnis, zu meinen, hierdurch würden Schüler leiden oder das Leben würde für sie kompliziert. Das Gegenteil ist der Fall. Klare Grenzen und eine klare Führung durch den Lehrer erleichtern das schulische Leben enorm, weil sie Sicherheit vermitteln – ein Grundbedürfnis des Menschen.

Dabei sind die Führungsimpulse des Lehrers wie Verkehrszeichen, die angeben, wo eine Gefahrenquelle droht, wo man nur 50 fahren darf oder wo man rechts abbiegen muss. Der Wegfall dieser Schilder (einschließlich der Ampeln) würde nicht mehr Freiheit bringen, sondern vermutlich zum Verkehrschaos führen. Ähnlich wäre es in der Schule: Schlechte oder gar keine Führung durch den Lehrer kostet wertvolle Unterrichtszeit, verunsichert die Schüler und verringert so die Motivation für die Schule.

Aber bevor es an die Grundlagen der Führung von Schülern geht, lassen Sie uns kurz einen verschämten Blick auf die Entwicklung der Schüler in den letzten Jahrzehnten werfen. Denn nicht nur das Elternhaus, sondern auch die Schule hat ihren Umgang mit den Kindern verändert, was nicht ohne Einfluss auf die Art der Führung geblieben ist. Früher hat man Schülern nur gesagt, was sie machen sollen, heute werden sie gefragt. Das sah bzw. sieht so aus:

Früher: Los, nehmt die Bücher raus!
Heute: Was haltet ihr davon, mit dem Buch zu arbeiten?

oder

Früher: Los, legt die Lineale weg!
Heute: Die Lineale brauchen wir gleich nicht mehr. Wir sollten sie weglegen, einverstanden? Seid ihr bereit, die Lineale wegzulegen? Okay, lasst uns jetzt zusammen die Lineale weglegen.

Natürlich waren die Schüler clever genug, um zu begreifen, dass die Frage, ob sie die Lineale weglegen wollen, keine echte Frage war wie etwa die Entscheidung, ob man Ketchup oder Mayo zu den Pommes will. Allerdings spürten sie instinktiv, dass ein Nein nur zu mehr psychologisch gezielter Bearbeitung führen würde, und nickten lieber. Sie lernten aber auch, dass man einer Aufforderung nicht beim ersten Mal folgen muss, sondern erst beim vierten oder fünften. Und sie lernten, wann ein Lehrer das meinte, was er sagte, nämlich bei der alten, traditionellen Variante: »Los, legt die Lineale weg!«

In den 80er-Jahren kam die Idee des ungebrochenen Selbstbewusstseins auf, das Schüler mithilfe der Schule entwickeln sollten. Folglich waren Wettbewerbe im Unterricht verpönt. Denn wenn jemand Erster wurde, musste auch jemand Vierter oder sogar Letzter sein. Dieses Risiko wollte man keinem Schüler zumuten. Anstatt wie früher ein Kopfrechnen um die Wette zu veranstalten, wurde nun die Gemeinschaft gestärkt, indem ein Tuch von allen an den Rändern gefasst und nach oben gehoben wurde, um zu beobachten, wie die Luft das Tuch hob. Das altmodische korrekte Buchstabieren wurde um kreatives Buchstabieren ergänzt. Der junge neue Kollege mochte alle Schüler so, wie sie waren, und die junge Kollegin liebte alle Schüler, ohne sie auch nur gesehen zu haben, und fand alles »totalsupertoll«. Das Schönste aber war: Es gab keine falschen Antworten mehr, sondern jede Antwort war irgendwie ein Erfolg, was manchmal so aussah:

Lehrer: Wie viel ist 4 mal 6?
Schüler: 46?
Lehrer: Toll, dass du es versucht hast. Was könnte es noch sein?

In der Grundschule wurden klare Noten durch wohlklingende Beurteilungen ersetzt, die zunächst positiv klangen (und dann im Geiste wieder in Noten rückübersetzt wurden): »Kevin macht Fortschritte«, »Kevin findet manchmal die richtige Lösung« oder »Kevin muss noch besser werden«.

Zugegeben, ich übertreibe etwas. Fest steht aber: Das alles überragende Ziel war, das Selbstwertgefühl der Schüler zu stärken. Natürlich ist ein gesundes Selbstbewusstsein wichtig. Aber man stärkt es nicht, wenn man die Dinge nicht klar benennt. Man muss Schüler etwas schaffen lassen, auf das sie voller Berechtigung stolz sein können. Schüler möchten nicht einfache, sondern schwierige Dinge gut machen. Sie wollen echte Herausforderungen bestehen.

In dem Maße jedoch, wie das Selbstbewusstsein der Schüler wuchs, nahm das der Lehrer ab und wich einer großen Verunsicherung. Dadurch wurde es noch schwieriger, Schüler bewusst zu pädagogischen Zielen zu führen. In letzter Zeit macht sich jedoch allmählich die Erkenntnis breit: Das Fehlverhalten von Schülern ist nicht auf ein zu geringes Selbstbewusstsein zurückzuführen, sondern eher auf mangelnde Disziplin – oder auf mangelnde Klarheit bei den Vorgaben des Lehrers. Und damit sind wir bei der Führung von Schülern.

Neben der Organisation eines reibungslosen Ablaufs (vgl. S. 35 ff.) geht es bei heranwachsenden Schülern auch immer um die Frage, wer eigentlich die Situation steuern darf, wer die Führung hat. Die Antwort auf diese Frage entscheidet über das Verhältnis von Lehrerautorität und Schülereinfluss. Auch wenn es nicht so scheint, weil die Schüler etwas anderes behaupten:

 Die meisten Schüler wollen kooperieren und dem Lehrer folgen, denn dies ist die bequemere Variante.

Schüler und Eltern akzeptieren wie selbstverständlich, dass der Trainer eines Sportvereins die Führung über das Training übernimmt. Er bestimmt, ob und wie lange zuerst eine Aufwärmgymnastik stattfindet, dann bestimmte Techniken geübt werden und zum Schluss eine Runde gespielt wird.

Bei Lehrkräften hingegen wird dieser Führungsanspruch ausgesprochen kritisch gesehen, und zwar auch von den Lehrern selbst. Warum eigentlich? Der Lehrer ist *die* qualifizierte Kraft, die wie keine andere geeignet ist, die Führung ihrer Schüler zu übernehmen. Sie ist nicht Handlanger der Eltern – und schon gar nicht der Schüler, sondern pädagogische Führungskraft. Das wird deutlich, wenn man ihre Tätigkeit analysiert: Lehrkräfte führen nicht stumpf Anweisungen aus, sondern sie überlegen, analysieren, planen, organisieren und improvisieren, sie treffen Entscheidungen und lösen dadurch Probleme. Unter ständigem Zeitdruck halten sie täglich mehrere »Präsentationen« vor einem wechselnden, kritischen Publikum. Ständig sind sie auf der Suche nach Verbesserungen.

Wie würden Sie eine Person mit solchen Tätigkeiten beschreiben? In der Wirtschaft wäre jemand mit solchen Tätigkeiten ein Manager der oberen Ebene, also eindeutig eine Führungskraft. Eine andere Einschätzung ist auch gar nicht möglich, denn 25 bis 30 jugendliche Schüler pro Klasse brauchen eine qualifizierte Führung durch einen Erwachsenen, um die gesteckten Ziele zu erreichen.

1.1 Der Burn-out-Test

Unterrichtsstunden, in den nicht Sie die Kontrolle haben, führen leicht zu schwierigen und belastenden Situationen. Solche Stunden sind Gutscheine, die Sie sammeln, um dem großen Ziel näher zu kommen: dem Burn-out. Um festzustellen, wie nah Sie diesem Ziel bereits sind, können Sie die folgenden Fragen beantworten und dann das Ergebnis erfahren. Keine Sorge, es ist keiner von diesen ausgefeilten Tests mit abgestuften Antwortmöglichkeiten. Setzen Sie einfach ein Kreuz in das Kästchen vor der Aussage, falls diese auf Sie zutrifft.

[X]	Bitte kreuzen sie an
☐	Haben Sie aufgehört, sich über kostenlose Lehrerkalender zu freuen?
☐	Lösen Sie in der Gesamtkonferenz Kreuzworträtsel oder korrigieren Arbeiten?
☐	Fällt es Ihnen schwer, nach der Schule Ihre Büchertasche zu öffnen?
☐	Haben Sie auf ein Foto der Schulleitung schon einmal Teufelshörner gemalt?
☐	Bringt das Wort »Schule« Sie bereits zum Weinen?
☐	Haben Sie das Gefühl, Ihre Schüler würden Sie hassen?
☐	Hassen Sie manchmal Ihre Schüler (oder zumindest einige von ihnen)?
☐	Lässt das Wort »Sabbatjahr« wohlige Schauer durch Ihren Körper fahren?
☐	Haben Sie aufgehört, täglich die dienstlichen E-Mails zu lesen?
☐	Ärgert es Sie, wenn Schüler schickere Fahrräder als Sie fahren?
☐	Meinen Sie, dass Ihre Schulleitung Sie hasst?
☐	Hassen Sie Ihre Schulleitung?
☐	Hassen Sie das Kultusministerium?
☐	Löst der Gedanke an Kreidestaub bei Ihnen bereits einen Allergieschub aus?
☐	Fangen Sie an, für das Essen in Ihrer Schulcafeteria zu schwärmen?
☐	Fällt es Ihnen schwer, das Selbstbewusstsein von pöbelnden Schülern zu stärken?
☐	Gehen Sie manchmal später zum Unterricht, um etwas länger Ruhe zu haben?
☐	Haben Sie schon einmal unter das Formular einer Behörde eine Note gesetzt?
☐	Wäre eine Krankschreibung von zwei Wochen ein Geschenk für Sie?
☐	Sind Ihre Großeltern (für die Schulleitung) schon mehr als einmal gestorben?
☐	Freuen Sie sich über eine Feueralarmübung, weil dadurch Unterricht ausfällt?
☐	Haben Sie schon einmal daran gedacht, selbst den Feueralarm auszulösen?
☐	Wünschen Sie sich manchmal, eine Bratwurstbude zu führen? Würde es Ihnen Spaß machen, zu fragen: »Ketchup oder Mayo dazu?«

Auswertung

0–4	Sie sind Referendar oder ein Heiliger. Burn-out ist kein Problem für Sie.
5–8	Sie zeigen erste leichte Symptome. Wenn Sie noch nicht den Unterschied zwischen Psychologen, Psychiatern und Psychotherapeuten kennen, sollten Sie sich langsam informieren.
7–12	Sie sollten allmählich anfangen, für ein Sabbatjahr zu sparen.
13–23	Willkommen im Club! Sie haben Burn-out, gehen aber offensichtlich noch jeden Tag zur Schule. Rechnen Sie einmal durch, was man für eine Bratwurstbude investieren müsste. Es ist eine Überlegung wert.

1.2 Erziehung in Elternhaus und Kindergarten

Das Zuhause ist das Versuchslabor für die spätere richtige Welt. Hier lernen Kinder zuerst die Regeln für ihr zukünftiges Verhalten. Und da es vielen Eltern nicht nur schwerfällt, Nein zu sagen, sondern sie es vor allem nicht schaffen, auch dabei zu bleiben, werden bereits hier die Weichen falsch gestellt. Die Kleinen lernen sehr schnell: Ein »Nein« kann oft ein »Vielleicht« oder manchmal sogar ein »Ja« bedeuten – und *sie* haben die Macht, ein Nein in ein Ja zu verwandeln. Dazu müssen sie anfangs nur hartnäckig sein.

Aber je häufiger sie dies sind, desto leichter wird es, ein Ja zu bekommen. Und so werden Kinder zu wahren Könnern auf dem Gebiet, erste Entscheidungen abzuändern. Sie ignorieren, verzögern, argumentieren, verhandeln, drohen, wecken Schuldgefühle oder werfen sich auf den Boden und schreien, bis sie ihren Willen bekommen. Damit wir uns nicht missverstehen: Solche Kinder sind nicht bösartig, sie sind nur pragmatisch. Sie tun dies und noch viel mehr, weil es *erfolgreich* ist. Ihre Erfahrung sagt ihnen nämlich: Regeln von Erwachsenen sind Vorschläge, die grundsätzlich verhandelbar sind, wobei jeder erneute Verhandlungserfolg sie in dem bestärkt, was sie tun.

Zwischen Erziehung im Elternhaus und Schuleintritt liegt häufig der Besuch eines Kindergartens. Dort wird meist ein sehr kinderfreundlicher, aber permissiver Stil praktiziert. So sitzt z. B. der kleine Kevin auf seinem Stuhl und kippelt, was die Kindergärtnerin bemerkt. Sie unternimmt nichts, weil sie sich sagt: »Er tut ja niemandem weh und stört auch keinen.« Also beschließt sie, das Kippeln zu ignorieren, in der Hoffnung, es würde dann verschwinden.

Das tut es aber nicht. Zwar hört Kevin auf zu kippeln, als die Kindergärtnerin ihn gezielt anblickt, er beginnt aber wieder, sobald sie wegschaut. Als sie wieder hinschaut und Kevin immer noch kippelt, gibt sie zu bedenken: »Das sieht aber ziemlich gefährlich aus!«, worauf Kevin entgegnet: »Ich pass schon auf.« Darauf der nächste Anlauf der Kindergärtnerin: »Ich weiß, dass du aufpasst, aber selbst wenn man vorsichtig ist, können Unfälle passieren. Und ich möchte nicht, dass du dich verletzt. Bitte setz dich richtig hin.« Kevin folgt der Bitte, aber nur für kurze Zeit. Er fängt wieder an zu kippeln, legt jetzt aber ein Bein auf den Tisch, um sich zu stabilisieren. Neuer Versuch der Kindergärtnerin: »Ich dachte, ich hätte dir gesagt, dass du dich richtig hinsetzen sollst. Was würde Frau Schröder (die Leiterin) sagen, wenn sie jetzt hereinkommen und dich so sehen würde?« Darauf Kevin: »Aber es kann nichts passieren, sehen Sie!«, und dabei löst er eine Hand vom Tisch, an dem er sich festhält. »Egal, ich fühle mich unwohl dabei«, entgegnet die Kindergärtnerin, »bitte setz dich vernünftig hin!« »Okay«, sagt Kevin widerstrebend und setzt sich erst einmal wieder richtig hin.

Jeder pädagogisch Vorgebildete weiß: Trotz der ausgiebigen Erörterungen ist das Problem damit nicht abschließend geklärt. Es wird immer wieder auftauchen, bis die Kindergärtnerin sich zu einer drastischeren Maßnahme entschließt. Bis dahin wird Kevin diesen langen Ablauf längst ausgewertet haben. Und was wird er gelernt haben? Man braucht der Anweisung eines Erwachsenen nicht beim ersten, nicht beim zweiten oder dritten und auch nicht beim vierten Mal zu folgen. Die Botschaft, die die nette Kindergärtnerin vermittelt, ist demnach folgende: »Mir gefällt nicht, was du tust, aber du kannst erst einmal damit weitermachen. Ich werde nichts dagegen unternehmen, zumindest nicht sofort.« Auf diese Botschaft reagiert Kevin wie die meisten Kinder: Er ignoriert die Worte und wartet, bis der Erwachsene von abstrakten Worten zu konkreten Handlungen wechselt.

Das, was die Kinder über das Verhalten von Erwachsenen in Elternhaus und Kindergarten gelernt haben, bringen sie als Grundeinstellung mit in die Schule. Dort können die Lehrer leider nicht mit einem Schlag all das ungeschehen machen, was in der Vergangenheit lernpsychologisch falsch gemacht wurde. Aber die Schule kann durch unmissverständliche Botschaften langsam, aber sicher Schüler auf den richtigen Weg bringen und ihnen vermitteln: Es gibt auch Erwachsene, die nicht nur reden, sondern handeln.

Lassen Sie uns auf den Pausenhof einer Grundschule gehen, wo mehrere Kinder spielen. Da es nur zwei Schaukeln gibt, sollen die Schüler ihren Mitschülern die Gelegenheit geben, auch einmal zu schaukeln. Dies allerdings macht Chantal nicht. Sie bleibt dreist auf der Schaukel sitzen, während die übrigen Kinder sich auf der anderen Schaukel abwechseln. Schließlich beklagen sich einige Schüler bei der Lehrerin über Chantal. Die Kollegin geht an den Ort des Geschehens, spricht Chantal an, wiederholt die Regel für die Benutzung der Schaukel, woraufhin Chantal ihren Platz einem anderen Kind überlässt.

In der nächsten Pause kommen erneut Schüler und beklagen sich über Chantal, weil sie wieder ihren Platz nicht abtritt. Die Kollegin geht zur Schaukel und spricht Chantal an. Diese verlässt die Schaukel, schlägt die Augen nieder und sagt mit leiser Stimme: »Entschuldigung, ich mach das ganz bestimmt nicht wieder.«

Ich biete zwei Reaktionsmöglichkeiten zur Auswahl an:

▸ »Das ist eine gute Entscheidung, aber heute und morgen darfst du nur die anderen Spielgeräte nutzen.«

▸ »Na gut, weil du es einsiehst, darfst du nachher wieder auf die Schaukel.«

Was, meinen Sie, wird die Standardlösung in vielen Schulen sein? Eine unangenehme Konsequenz verhängen oder noch einmal ein Auge zudrücken? Warum die zweite Variante schlecht ist, die erste hingegen viel besser, leuchtet hoffentlich ein.

Natürlich hat Chantal die Regel begriffen und ganz bewusst dagegen verstoßen, um sich selbst einen Vorteil zu verschaffen. Mit einem betretenen »Entschuldigung«, so ihre wertvolle Erfahrung, kann man jedoch bei den meisten Erwachsenen einen Verstoß quasi ungeschehen machen. Wer darauf als Lehrkraft keine belastende Konsequenz verhängt, der bestätigt Chantal in ihrer egoistischen Haltung.

Schon bald wird sie wieder ihren Vorteil auf Kosten der anderen suchen. Fällt dies unangenehm auf, wird sie sich wieder entschuldigen, notfalls wird sie sogar bitterlich weinen, um ihr Ziel zu erreichen. Das wird bei vielen Grundschullehrerinnen Mitleid erwecken, und sie werden wieder einmal ein Auge zudrücken. Chantal aber wird lernen, dass man mit egoistischem Verhalten durchkommt, wenn man nur geschickt genug ist. Aus diesem Grund ist die erste Variante die pädagogisch bessere Wahl, um Schüler zu sozial angemessenem Verhalten zu führen.

Durch Kindergarten und Grundschule, in denen das Lernen sehr spielerisch geschieht, glauben die Eltern, Pädagogen seien grundsätzlich für die Unterhaltung der Schüler zuständig. Als Eltern haben sie mit ihren Kindern in der Sesamstraße singende Buchstaben und tanzende Zahlen gesehen und meinen, Lernen müsse immer mit ganz viel Spaß verbunden sein. Dies ist jedoch, wie man als Lehrer weiß, in den weiterführenden Schulen nicht immer möglich: Die wenigsten Schüler haben Spaß daran, unregelmäßige englische Verben zu lernen, aber zum Spaß, eine fremde Sprache zu lernen, gehört auch stupides Auswendiglernen. Da hilft auch Kermit nichts.

2. Grundlagen

2.1 Ersten Kontakt richtig herstellen

Führung durch den Lehrer wird nicht erst erforderlich, sobald es um konkrete Anweisungen zu einer Aufgabe oder zum Verhalten in einer kritischen Situation geht. Vielmehr wird die Führungsfrage von den Schülern bereits in der ersten Minute gestellt und erst mit der letzten abgeschlossen, wobei gerade die ersten (und letzten) Minuten das Entscheidende sind, um Autorität zu etablieren.

Nehmen wir als Beispiel das Fernsehen. Warum ist der Sendeplatz um 20.15 Uhr besonders begehrt? Warum ist gerade dann die Werbung besonders teuer? Weil es die **»Primetime«** ist, der Beginn des Abends, die Zeit, in der die Aufmerksamkeit am höchsten ist. Auch der Beginn einer Unterrichtsstunde ist eine »Primetime«, die Zeit mit der höchsten Aufmerksamkeit. Trotzdem wird diese Phase noch immer von vielen Kollegen verschenkt, indem sie die Schüler einfach irgendetwas machen lassen.

Natürlich kann man kreativ arbeiten lassen oder ein Brainstorming machen, aber bitte erst, *nachdem* die Lehrkraft deutlich gemacht hat, dass *sie* durch die Stunde führt, dass *sie* festlegt, wie lange etwas gemacht wird, und nachdem *sie* bestimmt hat, wer mit wem zusammenarbeitet. Nicht die Schüler eröffnen die Stunde, sondern Sie als Führungskraft. Sie begrüßen, kontrollieren die Vollzähligkeit und stellen den Unterrichtsinhalt und das Stundenziel vor.

Meist jedoch werden die wichtigen ersten Minuten von jungen Schülern vor den Unterricht verlagert, indem sie nämlich bereits auf dem Gang die Lehrkraft mit Fragen überhäufen:

- ► Was machen wir heute?
- ► Kriegen wir unsere Arbeiten zurück?
- ► Gibt es heute Hitzefrei?

Wer vor dem regulären Beginn des Unterrichts hierauf antwortet, gibt bereits (unbewusst) die Führung an die Schüler ab, weil die Schüler nicht nur die Fragen vorgeben, sondern auch noch den Zeitpunkt der Fragen festlegen. Damit gibt man in meinen Augen den Schülern ein falsches Signal darüber, wer die Richtung festlegt.

Günstiger ist es, die Fragen nach hinten zu schieben, und zwar auf einen Zeitpunkt, den Sie bestimmen. Das kann freundlich geschehen: »Kommt erst einmal rein!«, oder sachlich: »Später!« Bei diesen Anweisungen sollten Sie jedoch nicht nach sprachlichen Variationen suchen.

 Effektiv ist es, immer die gleiche Formulierung zu verwenden, damit sie sich bei den Schülern einprägt.

Erst wenn alle Schüler im Klassenraum ihren Platz gefunden haben und Ruhe eingekehrt ist, sollte man anstehende Fragen beantworten.

Kurz nach dem Betreten des Klassenraumes kann man bei etlichen Lehrkräften ein interessantes Phänomen beobachten. Lassen Sie uns annehmen, in der Klasse sei auch Kevin, unser etwas problematischer Schüler. Er sitzt natürlich nicht auf seinem Platz, sondern huscht noch hinten im Klassenraum herum. Die typische Lehrerreaktion besteht darin, sich sofort Kevin zuzuwenden. Das ist verständlich, denn auch Menschen sind »Bewegungsseher«, die instinktiv auf Dinge oder Personen reagieren, die sich bewegen. Unwillkürlich geht unser Blick zuerst dorthin. Allerdings lässt sich (mit etwas Übung) vermeiden, Kevin gezielt mit Aufmerksamkeit zu bedenken. Und für diese Absicht gibt es einen guten Grund:

 Ihr stärkster »Joker« ist Ihre Aufmerksamkeit.

Alle Schüler wollen Ihre Aufmerksamkeit. Genau deshalb hält Kevin sich nicht an die Regeln. Er hat nämlich gelernt, dass er auf diese Weise als Erster beachtet, angesprochen, begrüßt wird. Sprachlich umgesetzt bedeutet dieses Verhalten: »Ich! Ich! Ich zuerst! Nimm mich zuerst wahr!« Kevin ist es dabei völlig egal, wie er diese Aufmerksamkeit erhält, selbst eine Zurechtweisung ist für ihn akzeptabel. Wer als Lehrer in diese Falle tappt und Kevin als Erstem seine Aufmerksamkeit schenkt, der belohnt ihn und wird ihn also in seinem unruhigen, regelwidrigen Verhalten bestärken.

»Aber ich kann doch dieses (störende) Verhalten nicht einfach durchgehen lassen!«, wird häufig argumentiert. Das sollen Sie auch nicht. Aber die entscheidende Frage ist, wem Sie beim Betreten der Klasse *zuerst* Ihre Aufmerksamkeit schenken. Bedenken Sie damit doch zuerst Ihre Unterstützer (S. 58), also diejenigen, die immer brav mitarbeiten. Lächeln oder nicken Sie ihnen zu, oder begrüßen Sie sie kurz vorab. Das dauert nicht länger als zehn Sekunden.

Ich gebe zu, es ist nicht einfach, das reflexhafte Verhalten in Bezug auf Kevin zu unterdrücken, aber es geht und entfaltet eine erstaunliche Wirkung: Nicht nur die Unterstützer registrieren dies mit Wohlgefallen, sondern auch Kevin bemerkt überrascht das völlig ungewohnte Lehrerverhalten. Sein regelwidriges Verhalten wird auf einmal nicht mehr mit Aufmerksamkeit belohnt, stattdessen wird er zum ersten Mal demotiviert, dieses noch einmal zu wiederholen. Selbstredend wird er beim nächsten oder übernächsten Mal noch einmal probieren, Ihnen Ihre Aufmerksamkeit zu »entreißen«, denn vielleicht war Ihr Verhalten ja nur ein ungünstiger Zufall. Aber wenn Sie nicht nur einmalig, sondern konsequent zuerst Ihre Unterstützer beachten, wird er begreifen, dass seine Taktik bei Ihnen nicht wirkt. Also:

 Geben Sie zuerst Ihren »Unterstützern« Ihre Aufmerksamkeit!

Falls Kevin Sie darauf anspricht, sollten Sie ihm ganz offen sagen: Natürlich begrüßen Sie zuerst diejenigen, die Ihnen das Leben leicht machen. Das ist doch verständlich.

Um jetzt einen Punkt von vorne wieder aufzunehmen: Nachdem Sie Ihre Unterstützer mit Aufmerksamkeit bedacht haben, wenden Sie sich natürlich Kevins Fehlverhalten zu und stellen es ab. Das machen Sie kurz und knapp, ohne sich aber auf Rechtfertigungen oder Diskussionen einzulassen. Denn dadurch würde er letztlich mehr Aufmerksamkeit erhalten als seine Mitschüler und doch noch – wenn auch verspätet – bevorzugt behandelt werden.

2.2 Wer bestimmt eigentlich die Richtung?

Das fragt man sich manchmal, wenn man Kollegen in schwierigen Klassen beobachtet. Nicht nur, dass der Unterricht unstrukturiert und ohne klares Ziel verläuft, auch die Präsenz der Kollegen ist kaum zu spüren. Wie Fremdkörper stehen oder sitzen sie irgendwo im Raum herum, meist in der Nähe des Lehrertisches, hinter dem sie sich verstecken oder an dem sie sich festhalten. Fast nie gehen sie durch den gesamten Raum, um deutlich zu machen, dass er *ihr* Revier ist, in dem sie sich bewegen dürfen, wo sie wollen. Aus vermeintlich pädagogischen Gründen nehmen sie sich so weit zurück, bis sie fast gar nicht mehr wahrgenommen werden. Dabei vergessen sie:

 Sie sind der Erwachsene!

Nicht nur formal sind Lehrer berechtigt, die Richtung vorzugeben. Durch die spezielle Ausbildung und die größere Lebenserfahrung gibt es auch eine inhaltliche Legitimation, minderjährige Schüler anzuleiten. Denn Kinder und Jugendliche treffen ihre Entscheidungen aufgrund ihrer momentanen Wünsche. Das ist verständlich, kann aber für die Schule keine Richtschnur sein. Deshalb bedarf es dort der Steuerung durch ausgebildete Erwachsene, die weiter denken und beurteilen können, was für die Zukunft wirklich notwendig ist. Zwar wissen Schüler bereits eine ganze Menge, z. B. wie man ein Smartphone bedient oder bei Facebook etwas »postet«. Aber da sie noch nicht genug vom Leben wissen, um selbst abschließend zu entscheiden, was für sie gut ist, müssen Erwachsene diese Entscheidungen für sie treffen.

Nicht selten stehen Lehrkräfte dabei unter hohem Zeitdruck. Um zu trainieren, Entscheidung schnell zu treffen, können Sie versuchen, die folgenden 15 Fragen in maximal 60 Sekunden zu beantworten, also weniger als vier Sekunden pro Frage. Falls Sie die Schwierigkeit noch etwas steigern wollen, könnten Sie versuchen, mit nicht mehr als vier Wörtern pro Frage zu antworten.

1. Kann ich auf die Toilette (noch 30 Minuten bis zur nächsten Pause)?
2. Wie heißen Sie mit Vornamen?
3. Welche Farbe sollen unsere Heftumschläge haben?
4. Wieso denn das?
5. Meine Mutter hat schon eine andere Farbe gekauft. Was soll ich machen?
6. Kann ich mich woandershin setzen?
7. Sind Sie verheiratet?
8. Haben Sie Kinder?
9. Was für ein Auto fahren Sie?
10. Kann ich auf die Toilette (noch 5 Minuten bis zum Klingeln)
11. Kann ich das nicht auch anders machen?
12. Haben Sie schon mal Drogen genommen?
13. Kann ich das nicht auch später abgeben?
14. Kann ich … (völlig Unverständliches)?
15. Was ist 128 zum Quadrat?

Antworten: 1. Nein (aber bei der nächsten Nachfrage und verzweifeltem Gesichtsausdruck lassen Sie ihn/sie gehen). 2. Sie sollten alles sagen, nur nicht Ihren richtigen Vornamen. Nehmen Sie etwas Witziges wie James (Bond) oder Edna. 3. Blau. 4. Weil ich es sage. 5. Lass dir was einfallen. 6. Nein. 7. Das ist privat. 8. Das ist privat. 9. Eines mit vier Rädern. 10. Nein. Halt aus, John Maynard! 11. Nein. 12. Das ist privat. 13. Nein. 14. Natürlich nicht. 15. 16 384, aber Sie können auch irgendetwas anderes sagen, das auf vier endet (plausibel bluffen!), Hauptsache, Sie antworten überhaupt, und zwar voller Überzeugung. Oder Sie fragen zurück: »Hast du keinen Taschenrechner?«

Kommentar: Am besten ist es, nie spontan Ja, sondern grundsätzlich zuerst einmal Nein zu sagen. Denn die meisten Fragen der Schüler zielen darauf ab, für sich einen Vorteil zu erfragen. Und ob man einem solchen Wunsch ohne nachzudenken nachgeben möchte, sollte man sich gut überlegen. Allerdings muss man aufpassen, falls clevere Schüler Ihre Taktik durchschauen und ihre Fragen umformulieren, wie: »Müssen wir fragen, wenn wir auf die Toilette wollen?«

2.3 Führung braucht ein Ziel

Betrachtet man Führung einmal räumlich-konkret wie eine Wanderung oder die Besteigung eines Berges, so wird deutlich: Jede Führungskraft braucht ein Ziel. Anderenfalls würde man wahllos hin und her laufen und müsste sich überraschen lassen, wohin man gelangt. Gleiches gilt auch für das wechselnde Führungsverhalten einiger Kollegen. Ein klares Ziel ist nicht erkennbar.

Woher nun bekommt man als Lehrkraft seine Ziele? Zum einen durch die offiziellen Ziele, wie sie im Schulgesetz, der Schulordnung oder den Curricula festgelegt sind. Während die Curricula inhaltliche und methodische Ziele definieren, finden sich in der Schulordnung und im Schulgesetz überwiegend pädagogische Ziele wie demokratisches und sozial angemessenes Verhalten, Toleranz, Solidarität, um nur einige zu nennen. Darüber hinaus kann jede Lehrkraft eigene Ziele aufstellen und zu verwirklichen suchen, sofern sie nicht den offiziellen Zielen widersprechen. Auf jeden Fall ist es hilfreich, für sich selbst einmal (schriftlich) festzulegen, welche Verhaltensweisen man bei seinen Schülern stärken und welche man verringern möchte.

2.4 Sicherheit vermitteln

Der Hauptzweck schulischer Führung besteht darin, Schülern die Geborgenheit und **Sicherheit zu vermitteln**, die sie für einen erfolgreichen Bildungsprozess benötigen. Diese Sicherheit wird zum einen durch die Zugehörigkeit zu einer festen Gruppe vermittelt. Deshalb sind selbst sehr leistungsschwache Schüler äußerst selten bereit, freiwillig ein Jahr zurückgestuft zu werden, und gute Schüler nur in wenigen Fällen bereit, ein Jahr zu überspringen. Zwar ahnen zumindest die guten Schüler den Vorteil für ihre schulische Laufbahn, viel schwerer wiegt jedoch der Nachteil, die Geborgenheit der Klasse zu verlieren und sich erst wieder in eine neue Gruppe integrieren zu müssen. Schließlich ist es unsicher, wie man von der neuen Klasse aufgenommen wird. Und Unsicherheit ist für Jugendliche ein schlimmes Los.

Neben der Geborgenheit, die durch die Gruppe vermittelt wird, wünschen sich Schüler eine Führung der Klasse durch eine kompetente Persönlichkeit, eben die Lehrkraft. Die Tatsache, dass sich Schüler gegen unbequeme Anweisungen der Lehrkraft mehr oder weniger stark auflehnen, ist kein Widerspruch zu ihrem Wunsch nach Führung. Vielmehr entspricht diese Ambivalenz dem typischen Verhalten von Kindern und Jugendlichen, um den eigenen Willen immer wieder zu trainieren.

Das Missverständnis mancher Lehrkräfte besteht darin, den Widerspruch von Schülern als fundiertes, reflektiertes Verhalten zu interpretieren, also ernst zu nehmen und deshalb die Führung aufzugeben. Häufig geschieht dies in der (falschen) Absicht, den Schülern etwas Gutes zu tun. Umso überraschter sind die Kollegen dann, wenn die Schüler trotz der Zugeständnisse unzufrieden sind.

Unter uns: Lassen Sie es uns deutlich sagen: Die Aufgabe von Lehrern ist nicht, Schülern möglichst oft oder möglichst weit entgegenzukommen. Denn das bedeutet, den Schülern die Verantwortung für ihr Verhalten aufzubürden, eine Verantwortung, die sie aufgrund ihres Alters noch gar nicht tragen können – und eigentlich auch nicht tragen wollen. Sie wollen nur testen, ob sie einen Wunsch durchsetzen können, das ist alles.

2.5 Respekt erzeugen

So ambivalent, wie das Schülerverhalten in seinem Wunsch nach Freiheit und Sicherheit ist, so widerstrebend ist auch der Wunsch nach Nähe und nach Distanz. Einerseits suchen Schüler die Nähe zum Lehrer. Andererseits möchten sie nicht wirklich, dass der Lehrer mit ihnen auf einer Stufe steht, denn dies würde sein Ansehen verringern. Sie wollen einen Lehrer, der ihnen Sicherheit vermittelt und zu dem sie aufschauen können. Instinktiv spüren sie, dass nur jemand, für den sie Respekt empfinden, auch überzeugend Sicherheit geben kann.

Wer folglich als Lehrkraft respektiert werden will, darf sich nicht kumpelhaft mit seinen Schülern auf eine Stufe stellen, sondern sollte eine gewisse Distanz zu ihnen wahren. Wie nun erzeugt man Respekt und hält die Schüler freundlich, aber bestimmt auf Distanz? Zum einen durch gewisse Bereiche, die für Schüler tabu sind. Dazu gehören der Lehrertisch und -stuhl, Lehrerschränke und die Tafel oder der Computer am Lehrertisch. Kein Schüler hat hier ohne Aufforderung durch den Lehrer etwas zu suchen. So wenig, wie Schüler einfach auf den Tisch eines anderen Schülers greifen dürfen, um sich von dort etwas zu nehmen, dürfen sie ungefragt auf den Lehrertisch greifen.

Auch sollten Schüler grundsätzlich nicht hinter dem Lehrer stehen, sondern immer in seinem Blickfeld. Das verhindert nicht nur »Häschenohren«, Grimassen oder andere Faxen, die Schüler unbemerkt vollführen könnten, sondern es ist ein Gebot der Höflichkeit, denjenigen, der spricht bzw. etwas erklärt, anzuschauen.

Ebenfalls muss der Ton, in dem Schüler zu einer Lehrkraft sprechen, von Respekt geprägt sein. Selbstredend dürfen Schüler Fragen stellen, Begründungen erbitten, Wünsche äußern oder Beschwerden vorbringen, aber stets in angemessener Form. Selbst große Unzufriedenheit mit einer Entscheidung ist keine Legitimation für einen unverschämten, anmaßenden Ton. Ist dies doch einmal der Fall, sollte der Schüler mit einem »Nicht in diesem Ton!« in seine Schranken verwiesen und das Gespräch sofort abgebrochen werden. Daraufhin sollte man den Schüler deutlich warten lassen, damit er sich beruhigt, z. B. bis zum Ende der Stunde, bevor man auf seine erneute Anfrage/Beschwerde eingeht, vorausgesetzt, sie ist jetzt angemessen formuliert.

Unter dem Gesichtspunkt, Respekt zu erzeugen, sollte man sich überlegen, wie sinnvoll es ist, Arbeitsbögen, Arbeitshefte oder andere Materialien selbst zu verteilen. Man kann das tun, und unter Umständen geht es schneller, als wenn Sie Schüler damit beauftragen. Wer jedoch Schüler dafür einsetzt, gewinnt gleich zwei Dinge: Er dokumentiert, eine Führungskraft zu sein, die nicht jede Kleinigkeit selbst durchführt, und er kann während des Verteilens die gesamte Klasse im Blick behalten und etwaige Störungen gleich im Ansatz unterbinden.

2.6 Beziehung abschließen

Jede Schulstunde mit Schülern sollte nicht nur eindeutig eröffnet, sondern auch deutlich abgeschlossen werden, damit klare Verhältnisse herrschen. Da Anfang und Ende besonders fest im Gedächtnis verankert werden, sollte man nicht die Möglichkeit verschenken, abschließend noch einmal seine Führungsrolle zu demonstrieren. Das kann einfach und effektiv dadurch geschehen, indem man noch einmal zusammenfassen lässt, was in der Stunde erarbeitet wurde. Auf diese Weise wird nicht nur der Stoff wiederholt, was das Behalten fördert, sondern die Schüler merken auch, dass sie etwas gelernt haben, und werden dieses Erfolgserlebnis mit der Lehrkraft in Verbindung bringen. So kann man selbst in einer der ungeliebten Vertretungsstunden die Schüler dazu bringen zu murmeln: »Mensch, bei dem/der haben wir ja mal richtig was gelernt.«

Besonders wichtig ist diese Regel natürlich, sobald Sie eine Klasse zum Jahresende abgeben. Lassen Sie die Schüler einmal aufzählen, was Sie alles zusammen während des letzten Jahres erarbeitet haben. Natürlich ist vieles bereits wieder vergessen, sodass man ein wenig im Gedächtnis kramen muss, aber die Schüler werden staunen, was bei einer solchen Bilanz alles zusammenkommt.

Wenn Sie die Beziehung zu einer Schülergruppe abschließen, sollten Sie diese immer positiv enden lassen. Denn der letzte gemeinsame Moment ist mit Sicherheit der ungünstigste, um jetzt noch aufgestaute Kritik oder Unzufriedenheit zu artikulieren.

Damit wir uns nicht missverstehen: Natürlich können und sollen Sie Schüler kritisieren, falls etwas nicht so läuft, wie Sie es sich vorstellen, aber in der Mitte der Zeit und nicht am Ende, wenn die Schüler keine Chance mehr haben, ihr Verhalten Ihnen gegenüber zu ändern.

3. Planung und Organisation als Führungserleichterung

3.1 Regelung von Abläufen

Die meisten Disziplinprobleme entstehen durch Langeweile oder durch Unsicherheit, im schlimmsten Fall aus einer Kombination von beiden Faktoren. Es verunsichert Schüler, wenn eine bestimmte Tätigkeit das eine Mal so, ein nächstes Mal aber anders durchgeführt wird. Wer führen will oder führen muss, sollte deshalb wiederkehrende Abläufe standardisieren.

Die Amerikaner haben für die Festlegung von organisatorischen Regelungen den Begriff **Classroom Management** geprägt, ein Begriff, der zwar gut klingt, sich aber nur schief übersetzen lässt und zudem nicht deutlich macht, worum es eigentlich geht: standardisierte Abläufe. Der Vorteil: Jeder klar geregelte Ablauf ist ein Wegweiser, der den Schülern die Richtung weist. Das bedeutet, dass die meisten Schüler den Wegweisern folgen, leider nicht alle. Aber für diejenigen, die nicht der vorgegebenen Richtung folgen, muss man nicht erst noch Wegweiser aufstellen, sondern man braucht nur noch kurz auf die bestehenden hinzuweisen. Das ist gerade in schwierigen Klassen eine enorme Erleichterung. Manche Kollegen unterschätzen, wie viele Abläufe man bereits vorher regeln kann, weil sie wiederholt auftreten. Hier nur einige:
▶ Ablauf beim Stundenbeginn, Begrüßung
▶ Verfahren beim Zuspätkommen von Schülern
▶ Austeilen und Einsammeln von Arbeitsblättern
▶ Verfahren beim Wunsch, auf die Toilette zu gehen
▶ Ablauf bei der Rückkehr von kranken Schulern
▶ Vorgehen bei Unterrichtsstörungen

Für beide Seiten, Lehrer und Schüler, ist es hilfreich, ein genormtes Ablaufschema zu haben. Die Schüler wissen, was als Nächstes passiert, die Lehrkraft braucht nicht mehr zu überlegen, was sie als Nächstes unternimmt. Daraus folgt:

 Standardisierte Abläufe geben Sicherheit.

Theoretisch gibt es zwei Möglichkeiten, Abläufe einzuführen: Entweder kann man vorher organisieren und bestimmte Verfahren festlegen, oder man muss später improvisieren, was bedeutend schwieriger ist. Zudem sollte man wissen, dass ein wechselndes Vorgehen in gleichen Situationen von den Schülern nicht als geistige Flexibilität, sondern als Führungsschwäche ausgelegt wird. Wer dies nicht möchte, sollte für seine Standardisierungen nicht wechselnde Formulierungen wählen, nur um die Größe des eigenen Wortschatzes zu demonstrieren. Also nicht:

- ▶ »Könntet ihr wohl bitte aufstehen?«
- ▶ »Aufstehen!«
- ▶ »Wie wär's, wenn ihr mal aufstehen würdet?«
- ▶ »Ihr wisst doch, aufzustehen ist eine Frage der Höflichkeit. Also hoch!«
- ▶ »Nun kommt, steht doch auf!«

Einprägsamer ist es, für einen Ablauf immer die gleiche (möglichst kurze) Formulierung zu nehmen (»Bitte aufstehen zur Begrüßung!«), die sich schon bald bei den Schülern einprägt. Der große Vorteil liegt darin, dass die Schüler bereits bei den ersten Worten wissen, was gleich folgen wird.

Auch die Sitzordnung kann die Führung einer Klasse erleichtern oder erschweren. Gruppentische fördern zwar das kreative Arbeiten, die Führung wird aber mit Sicherheit schwieriger. Andererseits ist auch eine Sitzordnung, bei der alle Schülertische frontal ausgerichtet sind, nicht optimal. Zwar blicken die Schüler jetzt automatisch nach vorn zum Lehrer, aber die letzten Reihen können sich hinter den vorderen verstecken, und der Lehrer kann nicht direkt vor diese Schüler treten.

Optimal ist deshalb die U-Form bzw. die doppelte U-Form, weil der Lehrer sich jetzt in der gesamten Mitte des Raumes bewegen kann, wodurch die sonst übliche Zweiteilung des Raumes in (großen) Schülerbereich und (kleinen) Lehrerbereich wegfällt. Zudem hat der Lehrer die Möglichkeit, direkt vor jeden Schüler zu treten und seine körperliche Präsenz einzusetzen. Selbst bei einer doppelten U-Form in großen Klassen kann man sich im Bedarfsfall jedem Schüler sehr weit nähern. Der Vorteil für die Schüler besteht darin, dass immer noch alle Plätze recht nah am Unterrichtsgeschehen sind, niemand sitzt schlechter als in der zweiten Reihe.

3.2 Führung durch Arbeit

Achtet man bei Unterrichtsstörungen einmal auf die vom Lehrer vorgegebene Aktivität, so stellt man fest, dass es vor allem (aus Schülersicht) »leichte« Tätigkeiten wie Diskussionen und Unterrichtsgespräche sind, bei denen Schüler stören. Das liegt daran, weil Schüler diese Aktivitäten nicht als »Arbeit« empfinden. Nach kurzem anfänglichem Interesse wird diese Tätigkeit schnell als »langweilig« empfunden und durch private Tätigkeiten aufgelockert. Damit wir uns nicht missverstehen: Auch ich glaube, dass ein angeregtes Unterrichtsgespräch anspruchsvoller sein kann, als stumpf etwas abzuschreiben. Aber darum geht es hier nicht. Es geht um die Einschätzung *der Schüler* und die Konsequenzen daraus.

Nur zu reden ist für sie keine Arbeit und wird von ihnen in Bezug auf den Lernerfolg nicht sehr hoch eingeschätzt. Etwas zu schreiben wird hingegen als richtige Arbeit eingestuft. Beim Schreiben, vor allem beim Abschreiben, gehen deshalb die Störungen schnell zurück. Weil es anstrengend ist, drängen die Schüler sich nicht, etwas zu schreiben, aber sie haben das Gefühl, nicht nur etwas getan, sondern auch etwas gelernt zu haben. Betreiben Sie doch einmal Empirie, und fragen Sie Ihre Schüler, bei welchen (anderen) Lehrern sie viel lernen. Wenn Ihre Schüler nicht völlig atypisch sind, wird sich Folgendes herauskristallisieren:

▶ Am schlechtesten schneiden jene Kollegen ab, die immer nur diskutieren lassen.
▶ Danach folgen diejenigen, die Unmengen von Kopien verteilen.
▶ Dann kommen die Kollegen, die Arbeitsblätter verteilen, bei denen Lücken ausgefüllt werden müssen.
▶ Am besten schneiden jene ab, die den Schülern etwas diktieren und sie häufig längere Texte schreiben (oder abschreiben) lassen.

Vor allem die letzte Einschätzung wirkt auf den ersten Blick erstaunlich (warum die Schüler das glauben, erfahren Sie auf Seite 81). Selbst das einfache Abschreiben von Texten, z. B. aus einem Lehrbuch, wird von Schülern als Lernerfolg positiv eingeschätzt.

Diese Einschätzung können Sie zu Ihren Gunsten nutzen: Sobald Sie also das Gefühl haben, die Führung der Klasse könnte Ihnen allmählich entgleiten, weil die Störungen Ihre Toleranzgrenze überschreiten, sollten Sie die Notbremse ziehen, indem Sie die Schüler etwas schreiben lassen. Falls Ihnen nichts Besseres einfällt, lassen Sie den bisherigen Stundenverlauf auf einem Zettel zusammenfassen, den Sie hinterher einsammeln. Selbst aus einem Lehrbuch kann man etwas abschreiben lassen: Denn nach dem Schuljahresende behalten die wenigsten Schüler ihre Bücher, wodurch wichtige Informationen später nicht mehr ohne Weiteres verfügbar sind.

3.3 Effektives Zeitmanagement

Es ist schon erstaunlich: Manche Kollegen wirken ständig gehetzt, andere meist recht entspannt. Und dies, obwohl beide an derselben Schule sind und ähnliche Fächer unterrichten. Beide Verhaltensweisen, sowohl die gehetzte als auch die entspannte, wirken auf Schüler (und Kollegen) ansteckend, was die Führung erschwert bzw. erleichtert. Wer ständig gehetzt auftritt, mag vielleicht den Eindruck erwecken, viel beschäftigt zu sein, er wird aber auch Unruhe und Unsicherheit verbreiten. Wer hingegen trotz knapper Zeit gelassen wirkt, der strahlt Ruhe aus und vermittelt Sicherheit.

Ich habe einen Zahnarzt, der diese Gabe besitzt, Ruhe zu verbreiten. Selbst vor schwierigen Operationen findet er noch die Zeit für ein kleines persönliches Schwätzchen. Die Behandlung selbst führt er völlig ruhig durch. Sogar Probleme oder Missgeschicke seiner Helferinnen können ihn nicht aus der Ruhe bringen, nie ist er (in meiner Gegenwart) laut oder ungehalten gewesen. Der Gesamteindruck ist ruhig und entspannt, dabei dauert die Behandlung vermutlich objektiv nicht länger als bei einem Kollegen, der Hektik verbreitet.

Die gehetzte oder entspannte Wirkung auf Außenstehende hängt zum einen mit der Effektivität des Zeitmanagements zusammen, zum anderen ist entscheidend, welche grundsätzlichen Einstellung man zur (knappen) Zeit hat. Wer den Eindruck hat, die Zeit reiche nie, der wird Hektik verbreiten. Wer jedoch die Einstellung vertritt, alles Wichtige werde man schon schaffen, der strahlt Ruhe aus.

Ein viel beschäftigter Dozent einer Führungsakademie hat es einmal auf den Punkt gebracht, als ich ihn dringend um einen Termin bat und fragte, ob er Zeit für mich habe:

 Man hat nie Zeit – und man hat immer Zeit.

Was dieser paradox anmutende Satz verbirgt, ist Folgendes: Wir alle haben so viel zu tun, dass eigentlich gar keine freie Zeit mehr bleibt. Andererseits besteht immer die Möglichkeit, sich für sehr wichtige Dinge etwas Zeit freizuschaufeln, z. B. für ein Beratungsgespräch. Es liegt an uns, ob wir das zeitliche Glas als halbvoll oder halb leer betrachten. Wem es also gelingt, sich und denen, die er führt, den Eindruck zu vermitteln, genügend Zeit zu haben, der erzeugt Vertrauen, weil er Ruhe ausstrahlt. Selbst in schlimmster Zeitnot sollten Sie nie denken: Ich habe keine Zeit, sondern allenfalls: Ich habe *jetzt* und *hierfür* keine Zeit. Ein kleiner, aber wichtiger Unterschied.

Die Einstellung, genügend Zeit zu haben, wird gefördert, wenn man ein professionelles Zeitmanagement beherrscht. Nun gibt es wunderbare Bücher, die sich ganz ausführlich mit allen Feinheiten des Zeitmanagements beschäftigen – aber welche Führungskraft hat schon die Zeit, sie vollständig zu lesen? Von daher folgt jetzt auf wenigen Seiten das, was Sie schon immer lesen wollten, wenn Sie einmal genügend Zeit hätten.

Wer seine Aufgaben ungeplant erledigt, wird schon bald heimtückischen Zeitfressern (»time bandits«) in die Falle tappen und wertvolle Zeit verlieren. Von daher besteht der wichtigste Schritt darin, Zeitfresser zu eliminieren. Denn 80 Prozent unserer Zeit nutzen wir nicht optimal und bewirken mit ihr nur 20 Prozent der Ergebnisse. In gut organisierten Phasen unserer Arbeit können wir hingegen mit 20 Prozent der Zeit 80 Prozent der Ergebnisse erzielen. Um häufiger so effektiv zu arbeiten, gilt es also, die schlimmsten Zeitfresser zurechtzustutzen.

Dass dies zuerst in Angriff genommen werden muss, bevor man die verfügbare Zeit strukturiert, hängt damit zusammen, dass man verlorene Zeit nicht zurückgewinnen kann. Anders als beim Pokern, wo man sein verlorenes Geld mit Glück wieder zurückbekommen kann, ist die Zeit, die man heute durch Zeitfresser verloren hat, unwiderruflich weg. Zwar kann man durch gutes Zeitmanagement wieder Zeit sparen, aber erst morgen oder übermorgen.

Telefon bzw. Internet

Lassen Sie sich nicht von diesen tollen technischen Errungenschaften Ihren Tagesablauf diktieren. *Sie* bestimmen, wann Sie Ihre E-Mails sichten bzw. schreiben. Ständig online zu sein und durch jede eingehende Mail mit einem Piepton gestört zu werden ist höchst ungünstig. Wer dies macht, wird nicht längere Zeit ungestört »an einem Stück« arbeiten können. Sichten und beantworten Sie deshalb Ihre Mails zu einem festen Zeitpunkt, z. B. zum Ende des Tages. Das ist günstiger als zum Beginn des Arbeitstages, weil man abends schnell fertig werden will und sich nicht so lange mit Nebensächlichkeiten aufhält.

Auch wichtige bzw. längere Telefonate sollte man terminieren. Legen Sie einen Tag fest, an dem Sie solche Telefonate führen. Wichtige Telefonate spontan zu führen mag verlockend erscheinen, führt aber in der Regel dazu, etwas zu vergessen, sodass man noch einmal hinterher telefonieren muss. Bei Telefonaten auf Termin können Sie sich zudem vorher einen Spickzettel mit den zu klärenden Punkten machen. Die Gefahr, etwas zu vergessen, ist nun deutlich geringer.

Die offene Tür

Für Schulleiter und Funktionsträger mit eigenem Raum ist die Überschrift ganz konkret gemeint, für alle anderen Lehrkräfte gilt sie im übertragenen Sinne. Selbstredend ist es guter Führungsstil, dass man sich bei Problemen jederzeit an Sie wenden kann. Leider wird nicht immer deutlich, dass das »jederzeit« hier nicht wörtlich gemeint ist. Wenn jeder bei Ihnen zu jeder Zeit hereinstürmen oder Sie mit Beschlag belegen kann, kommen Sie nicht zur Ruhe. Es sollte auch Zeiten geben, in denen Ihre Tür grundsätzlich geschlossen ist, weil Sie konzentriert an größeren Projekten arbeiten.

Das widerspricht nicht dem Satz von oben, immer Zeit zu haben. Denn Zeit für jemanden zu haben bedeutet nicht, alles stehen und liegen zu lassen. Gerade für Lehrkräfte wäre ein solches Verhalten ungünstig. Es würde die eigene Autorität schwächen, wirklich jederzeit für Schüler (und Eltern) zur Verfügung zu stehen. Deshalb gilt es zu relativieren: Sie haben grundsätzlich ein offenes Ohr für alle wichtigen Probleme, aber Sie haben auch viele andere Verpflichtungen, von denen einige sehr dringend sind. Darum vergeben Sie Termine, zu denen Sie nicht nur ein offenes Ohr, sondern auch genügend Zeit haben.

Günstig ist es, dem Betroffenen, z. B. einem Schüler, zu sagen: »Ich muss jetzt leider weg, aber ich möchte mich in Ruhe mit deinem Problem befassen. Lass uns nach dem Unterricht darüber sprechen.« Mir ist schon klar, dass Sie nach dem Unterricht nach Hause wollen. Der Schüler aber meistens auch. Sie ahnen gar nicht, wie viele »Probleme« sich bereits dadurch erledigen, dass man ihre Besprechung auf die Zeit *nach* dem Unterricht verlegt. Häufig hört man dann von Schülern: »Nein, so wichtig ist es auch nicht.« Na bitte.

Grundlegend für Ihre Führungsrolle ist es auch, dass *Sie* den Zeitpunkt des Gesprächs bestimmen und nicht die andere Seite. Wenn ein Schüler Ihnen die erste große Pause als Gesprächstermin vorschlägt, sollten Sie schon aus Prinzip mindestens die zweite große Pause wählen, besser noch die Zeit nach dem Unterricht oder einen anderen Tag.

Wer für Schüler und Eltern immer sofort verfügbar ist, braucht sich nicht zu wundern, wenn er am Sonntagabend um 21.00 Uhr einen Anruf bemkomt, um eine Kleinigkeit für Mittwoch zu klären. Sie mögen es für ein Spiel halten, aber bei der Führung geht es auch um die Fragen: Wer bestimmt den Termin, und wer muss auf wen warten?

Wer einen Termin in einer Anwaltskanzlei hat und ein paar Minuten vor der Zeit dort ist, wird nie sofort vorgelassen, selbst wenn der Anwalt nichts zu tun hat und sich die Zeit damit vertreibt, in einer Zeitschrift zu blättern. Erst ein paar Minuten nach der vereinbarten Zeit wird man in das Büro gelassen, wo einen der Anwalt empfängt und sich höflich für die kleine Verspätung entschuldigt: Leider habe es noch eine ganz wichtige Angelegenheit gegeben, die er habe klären müssen. Selbst wenn das nicht stimmt, was ja niemand weiß, erzeugt es Respekt und erhöht den Wert, jetzt mit dem Betreffenden sprechen zu können.

Sowohl bei Telefon und E-Mails als auch bei der offenen Tür riskieren Sie den **Sägezahneffekt,** der schematisch etwa so aussieht:

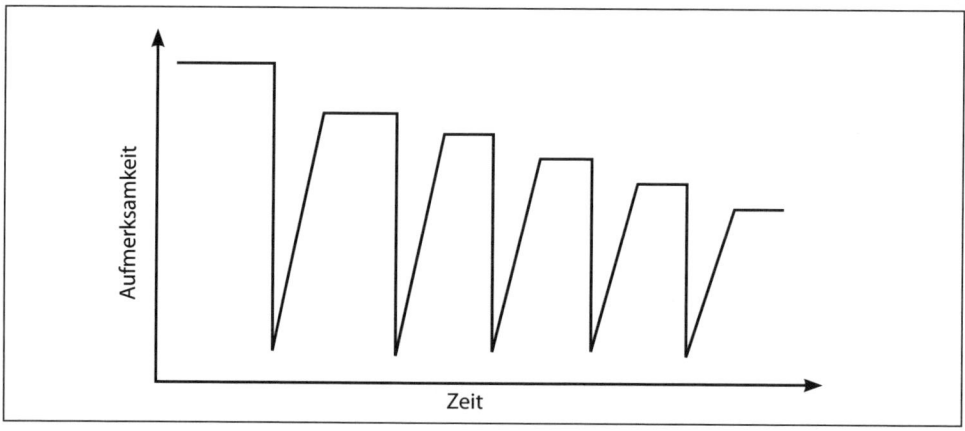

Abb. 1: Der Sägezahneffekt

Am Anfang liegen Ihre Konzentration und Arbeitsleistung noch bei 100 Prozent, aber jede Störung reißt Sie aus den Gedanken, was dazu führt, sich immer wieder aufs Neue ins Thema hineindenken zu müssen. Dadurch sinkt auch während der Arbeitsphasen die Konzentration und damit die Arbeitsleistung. Die Unterbrechungen fangen an, Sie zu konditionieren, und zwar in dem Sinne, dass sich Ihr Gehirn während der Arbeit ständig fragt, wann wohl die nächste Störung kommt und von wem sie sein wird.

Die Mehrfachvorlage

Ein weiterer Zeitfresser ist die weitverbreitete Angewohnheit, irgendwelche Vorgänge in die Hand zu nehmen, halb oder ansatzweise zu bearbeiten und dann wieder wegzulegen, um sie später abzuschließen. Nicht nur, dass es zusätzliche Zeit kostet, den Vorgang später wiederzufinden, diese Strategie ist auch aus einem anderen Grund ineffektiv: Sie müssen sich wieder neu in den Sachverhalt hineindenken, müssen sich vielleicht durchlesen, was Sie dazu bereits überlegt und notiert haben. All dies kostet unnötig Zeit. Deshalb gibt es nur einen Weg: Sie überfliegen die Angelegenheit und entscheiden dann, ob Sie sie jetzt abschließend bearbeiten oder die Bearbeitung, auch die ansatzweise, auf später verschieben. **Ganz oder gar nicht**, lautet hier die Devise, aber keine halben Bearbeitungen.

Meist wird dieser Fehler damit gekoppelt, mehrere Dinge (ansatzweise) gleichzeitig zu tun. Dies vermittelt einem zwar den subjektiven Eindruck, unglaublich produktiv zu sein, aber dieser Eindruck täuscht. Natürlich schafft man weniger.

Perfektion

Gerade Lehrer, denen man ja im Allgemeinen gerne Faulheit vorwirft, neigen dazu, alles zu perfektionieren. Natürlich wäre es erstrebenswert, etwas perfekt zu machen, und bei einigen Dingen ist es auch wichtig. Aber nicht bei allen – und nicht im ersten Anlauf. Ein Arbeitsblatt, das Sie erstmals für Ihre Klasse entwickeln, muss nicht perfekt sein.

 Gut reicht auch.

Da die Zeit knapp ist: Lieber morgen etwas Gutes als in zwei Wochen etwas Perfektes. Sie haben so viel zu tun, dass Sie es sich schlichtweg nicht leisten können, jede kleine Sache perfekt zu entwickeln. Ihr oben erwähntes Arbeitsblatt wird sicher einmal perfekt sein, vielleicht aber erst dann, wenn Sie an den Schülerreaktionen mehrerer Jahrgänge merken, wo noch Verbesserungen sinnvoll sind.

Gefälligkeit

Es gibt Kollegen, die beherrschen es perfekt: »Kannst du mal schnell für mich …?« – und jetzt folgt die Bitte um eine Gefälligkeit, die mit Sicherheit mehr Zeit in Anspruch nimmt, als Sie geglaubt haben. Derjenige hingegen, der Sie um diese Gefälligkeit bittet, weiß ganz genau, wie zeitaufwendig die Angelegenheit ist – deshalb bittet er ja auch

Sie darum. Auch viele Schüler haben diese moderne Kulturtechnik gelernt, über eine freundliche Bitte unangenehme Arbeit auf andere zu verlagern: Sei es der Wunsch, die Arbeitsblätter zu lochen, einem anderen Kollegen ein Buch zu geben oder in der Schulordnung nachzulesen, ob man mit Tennisbällen auf dem Pausenhof Fußball spielen darf.

Nach der bisherigen Lektüre wissen Sie, wie falsch es wäre, diesen Wünschen spontan nachzugeben. Es kostet nicht nur Ihre Zeit (schlimm genug), sondern Sie könnten auch den Eindruck erwecken (viel schlimmer), Sie seien der freundliche Dumme, der unangenehme Dinge für andere erledigt.

Wer Zeit sparen will, muss folglich lernen, Nein zu sagen. Und zwar nicht mit einem Ton des Bedauerns, der ausdrückt: »Ich würde ja gerne diese Arbeit für dich erledigen, aber ich habe im Moment leider keine Zeit.« Dieser Tonfall würde Sie nur für dieses eine Mal retten, den Betreffenden aber ermutigen, sich schon bald wieder an Sie zu wenden. Schließlich haben Sie gerade erklärt, gern solche Arbeiten für andere zu erledigen.

Allerdings will man auch nicht unhöflich sein und entgegnen: »Mach deinen Kram doch alleine!« Wie also verpackt man die Botschaft? Kürzer. »Tut mir leid, ich schaff das nicht!« Das ist höflich, aber bestimmt, weil es eine deutliche Ablehnung signalisiert. Jetzt ist die Gegenseite am Zug. Die Warum-Frage zu stellen (»Warum denn nicht?«) wäre schon hart an der Grenze zur Unhöflichkeit. Falls dies doch geschieht, beginnen Sie, ausführlich aufzulisten, was Sie in nächster Zeit noch alles erledigen müssen. Spätestens, wenn Sie Ihre dritte noch anstehende Tätigkeit aufzählen, wird der Bittsteller aufgeben, weil er begriffen hat: Sie haben sein Spiel durchschaut und spielen es nicht mit.

Alles selbst

Eine gute Möglichkeit, Zeit zu sparen, steckt deshalb in der Frage, ob es wirklich *Ihre* Aufgabe ist, diese Aufgabe zu erledigen. Ich kenne etliche Kollegen, die viel Zeit darauf verwenden, Dinge zu erledigen, die eigentlich von Schülern, Eltern oder Kollegen erledigt werden müssten. Aber weil sie zeigen wollen, wie gut sie sind, ziehen sie diese Arbeiten an sich – und beklagen sich darüber, wie viel sie zu tun haben. Deshalb lautete eine Schlüsselfrage, um Zeit zu sparen:

 Ist das wirklich meine Aufgabe?

Natürlich schmeichelt es der eigenen Wichtigkeit, alles zu wissen und sich selbst um alles zu kümmern, aber es kostet enorm viel Zeit. Zudem stärkt es nur scheinbar die eigene Autorität. Sich als Führungskraft selbst um alles zu kümmern beeindruckt am

Anfang vielleicht manche Untergebenen. Nach einiger Zeit jedoch schlägt diese Einschätzung um.

Ein Schulleiter, der für eine Besprechung selbst den Kaffee kocht (am Ende gar im Vorzimmer, während die anderen Teilnehmer eintrudeln), verlässt seine Führungsebene und begibt sich nach unten. Wer allerdings die Sekretärin zum Einschenken ruft, vermittelt den anderen Teilnehmern, dass er glaubt, seinen Status betonen zu müssen. Das kann als Zeichen von mangelnder Souveränität gedeutet werden und würde dann seinen Führungsanspruch untergraben.

Führung ist immer auch Inszenierung – die die tatsächlichen Gegebenheiten berücksichtigen muss: In der Schule ist jeder Lehrer sein eigener Chef – in seinem Klassenzimmer kann er schalten und walten, wie er möchte. Der eigentliche Chef, der Schulleiter, verfügt hingegen nur über eingeschränkte Macht und eingeschränkte Sanktionsmöglichkeiten. Seine Inszenierung von Führung muss also subtil sein, wenn sie nicht das Gegenteil dessen erreichen soll, worauf sie zielt.

Das Geheimnis überzeugender Führung liegt darin, Filter einzubauen und unwichtigere Aufgaben zu delegieren. Nicht jede unwichtige Information muss direkt an Sie gemeldet werden, mit Sicherheit gibt es jemanden, den Sie vorschalten können. Das kann bei Beschwerden von Schülern der Klassensprecher oder der Fachlehrer sein, bei dem die Probleme auftreten. Erst wenn sich auf den unteren Stufen keine Lösung finden lässt, sind Sie der richtige Ansprechpartner.

Auch als Lehrer müssen Sie nicht alles selbst tun. Schüler freuen sich z. B., wenn sie einige Ihrer Aufgaben übernehmen dürfen. Deshalb sollten Ihre Schüler die Arbeitsblätter verteilen und wieder einsammeln, Sie überwachen lediglich beides. Warum sollen denn immer Sie den Tageslichtprojektor/den Beamer aufbauen? Lassen Sie das doch Ihre Schüler machen. Das gibt den Schülern die Gelegenheit, Verantwortung zu übernehmen und den Umgang mit technischen Geräten zu üben – und unterstreicht zugleich Ihre Wichtigkeit für den eigentlichen Unterricht.

Nun zu der Frage, wie man entscheidet, was *zuerst* bearbeitet werden muss. Wer mit unwichtigen Dingen beginnt, wird hierauf zu viel Zeit verwenden und nur noch wenig Zeit für die wichtigen Dinge haben. Berücksichtigt man sowohl die Bedeutung einer Sache als auch den Zeitdruck, so lassen sich unterscheiden:

► Unwichtiges
► Wichtiges
► Dringendes
► nicht so Dringendes

In einem Schaubild sehen die vier Varianten wie folgt aus:

	dringend	nicht dringend
wichtig	A wichtig und dringend	B wichtig, aber nicht dringend
nicht wichtig	C dringend, aber nicht wichtig	D nicht dringend und nicht wichtig

Abb. 2: Das Eisenhower-Schema

Dieses Schema, das auf Präsident Eisenhower zurückgeht, definiert die sinnvollste Reihenfolge der Bearbeitung:
- ► A-Aufgaben → sofort selbst erledigen
- ► B-Aufgaben → Termin festlegen, dann bearbeiten
- ► C-Aufgaben → bald erledigen, eventuell delegieren
- ► D-Aufgaben → delegieren oder Papierkorb

Wer sich die Prioritäten genauer anschaut, stolpert vielleicht darüber, dass bei B die Wichtigkeit *vor* der Dringlichkeit rangiert. Das ist kein Versehen, sondern wie folgt zu erklären: Die meisten Menschen lassen sich von der tatsächlichen oder scheinbaren Dringlichkeit so sehr beeindrucken, dass sie dafür wichtige Aufgaben immer wieder zurückstellen, und zwar so lange, bis die Zeit für eine sorgfältige Bearbeitung nicht mehr reicht. Umgekehrt ist es besser: Man sollte sich vorrangig den wichtigen Aufgaben widmen, die dringenden, aber nicht so wichtigen kann man nämlich in der Regel schnell »auf den letzten Drücker« erledigen. Und da sie nicht wichtig sind, reicht notfalls auch eine nicht so sorgfältige Bearbeitung.

 Deshalb: Nach den A-Aufgaben (wichtig und dringend) erst das Wichtige, dann das Dringende!

Für die zweite Variante der D-Aufgaben, also den Papierkorb, sollte man sich vor allem dann entscheiden, wenn sich Zweifel am Sinn der Aufgabe stellen. Vom Alten Fritz sagt man, er habe den Großteil der Anfragen dadurch bewältigt, dass er sie nicht bearbeitet hat, weil er davon ausging, das meiste würde sich schon von selbst erledigen. Da ist was dran. Man sollte also nicht zu früh Arbeit in Projekte investieren, von denen unsicher ist, ob sie wirklich (in dieser Form) stattfinden. Überhaupt sollte man mehr Mut haben, die »große, runde Ablage« neben dem Schreibtisch zu nutzen.

Weil effektives Zeitmanagement für einen reibungslosen Unterrichtsablauf entschei-dend, aber schwierig ist, müssen Lehrer in dieser Beziehung ihre Schüler an die Hand nehmen. Schließlich haben Kinder und Jugendliche grundsätzlich ein schlechtes Zeit-management, was man ihnen aber nicht vorwerfen kann, weil sie ein anderes Zeitge-fühl besitzen. Falls Sie wie ich zu den älteren Semestern gehören, kennen Sie es aus eigener Erfahrung: Je älter man wird, desto schneller scheint die Zeit zu verstreichen. Umgekehrt bedeutet das: Schülern erscheint die vor ihnen liegende Zeit deutlich län-ger als uns. Noch ein Monat bis Weihnachten – das ist für Kinder eine halbe Ewigkeit. Da ich aus didaktischen Gründen gerne vereinfache, kann man ganz grob über das Zeitgefühl eines Durchschnittsschülers (8. Klasse) sagen:

 **Ein Tag entspricht einer gefühlten Woche,
eine Woche entspricht einem Monat,
ein Monat entspricht einem Jahr.**

Wenn Sie einem Schüler einen Referatstermin in zwei Wochen geben, wird er dies subjektiv so empfinden, als hätte er dafür zwei Monate Zeit. Erst in den letzten zwei oder drei Tagen wird er merken, dass sich seine Zeitvorstellung nicht mit dem Kalen-der deckt, und in Panik verfallen, weil er noch nicht angefangen hat. Es hat wenig Sinn, Schülern dies zu sagen oder zu erklären (allerdings schadet es auch nicht), denn sie werden es nicht glauben.

Wie nun können Sie als Führungskraft den Schülern – und sich selbst – helfen? Ganz einfach: Setzen Sie **Zwischentermine.** Wenn also das Referat in 14 Tagen ge-halten werden soll, dann fordern Sie drei Tage vorher die schriftliche Fassung (bzw. den Stichwortzettel) ein, und zwar verbindlich. Machen Sie klar, dass die pünktliche Abgabe der schriftlichen Fassung (des Zettels) ein wichtiger Bestandteil der Note ist. Natürlich werden die Schüler auch bei diesem Vorgehen die schriftliche Fassung (Stichwortzettel) auf den letzten Drücker fertigstellen. Aber dann haben sie noch drei Tage, um sich mit dem eigentlichen Vortrag zu beschäftigen.

Bei Ihrer Unterrichtsplanung, z. B. der Terminierung von Schülerreferaten, sollten Sie immer einen Zeitpuffer von mindestens zehn Prozent für sogenannte »U Boote« einplanen. »U-Boote« sind plötzlich auftauchende Ereignisse, die Sie wertvolle Zeit kosten. Das können die Tagesfahrt eines Kollegen, ein Tag zur Gesundheitserziehung, ein Feueralarm, ein Schulausfall wegen starken Schneefalls, die Krankheit des vor-tragenden Schülers oder eine eigene Krankheit sein. Und Sie wissen ja: Führen heißt vorausdenken.

Wer nicht so weitsichtig plant, wird zum Ende des Schulhalbjahres immer stärker in Verzug kommen, im schlimmsten Fall kommen einige Schüler mit ihren Referaten gar nicht mehr dran. Das ist hochgradig ärgerlich, und Schüler und Eltern werden der Lehrkraft die Schuld für diese schlechte Planung geben. Zwar wird diese zu ih-rer Rechtfertigung anführen, es seien unvorhersehbare Ereignisse gewesen. Aber Sie und ich wissen, dass dies nur die halbe Wahrheit ist, da man von einer kompetenten Führungskraft erwarten kann, auch solche Unwägbarkeiten bei der Planung zu berücksichtigen.

4. Die fünf wichtigsten Führungsqualitäten

Untersuchungen in der freien Wirtschaft und beim Militär haben sich mit der Frage beschäftigt, welche Führungsqualitäten von Untergebenen als besonders wichtig eingeschätzt werden. Nun lassen sich diese Ergebnisse nicht einfach so auf die Schule übertragen, aber ein Blick auf diese »Hitliste« ist ganz informativ.

4.1 Fachkenntnis

An erster Stelle wird die Fachkenntnis genannt, die man von einer Führungspersönlichkeit erwartet. Auf den Lehrer bezogen geht es natürlich nicht um seine Prüfungsergebnisse an Hochschule und Lehrerseminar, sondern um die subjektive Einschätzung durch die Schüler, bei wem sie etwas lernen. Obwohl das nicht der Wirklichkeit entsprechen muss, sollte man es berücksichtigen, weil man als Lehrkraft danach bewertet wird. Es geht also um die interessante Frage, wann die Schüler *den Eindruck* haben, sie würden etwas lernen.

Da die Meinung über Lehrer sich vor allem in den ersten Stunden etabliert, sollte man vor allem am Anfang tunlichst auf zwei Dinge verzichten: lange Diskussionen und viele Kopien. Stattdessen sollte man verstärkt drei Dinge machen:

▶ mit dem Lehrbuch arbeiten
▶ den ersten Test gut ausfallen lassen
▶ schreiben lassen

Zum ersten Punkt: Der normale Lehrer arbeitet *irgendwann* mit dem Lehrbuch, der gute Lehrer, zumindest in den Augen der Schüler, arbeitet mit dem Buch, *sobald es verteilt wurde*. Dieser Tipp hängt mit dem hohen Ansehen zusammen, das Lehrbücher bei Schülern genießen. Wer also in mühevoller Heimarbeit eigene Unterrichtsmaterialien erstellt, der riskiert, auf dem Pausenhof zu hören: »Mensch, der hat keine Ahnung vom Unterrichten. Der benutzt nicht mal das Buch.« Sie können es drehen und wenden, wie Sie wollen: Schulbücher sind offiziell, und wer damit arbeitet, vermittelt in den Augen der Schüler den richtigen und wichtigen Stoff. Und alles andere ist nur Ersatz. Nichts spricht dagegen, in einer Klasse, die Sie schon lange kennen und die Sie als Lehrkraft schätzt, auch einmal eigenes Unterrichtsmaterial anstatt der oft fehlerhaften Bücher einzusetzen. Aber Sie sollten es nicht am Anfang tun, wenn Sie eine Klasse übernehmen.

Der zweite Trick, einer Klasse zu zeigen, wie viel man bei Ihnen lernt, besteht darin, schon bald einen Test zu schreiben. Dieser sollte so angelegt sein, dass die meisten Schüler gut abschneiden. Also:

  Lassen Sie den ersten Test gut ausfallen.

Dazu geht man wie folgt vor: Man behandelt intensiv ein überschaubares Gebiet, z. B. ein immer wieder auftretendes Problem wie die Unterscheidung zwischen »das« und »dass«. Wenn die Vermittlung abgeschlossen ist, kündigt man *für die nächste Stunde* einen Test an. In der Regel braucht man den Bewertungsmaßstab gar nicht stark zu verschieben, um ein gutes Ergebnis zu erzielen. Da die Leistungskontrolle unmittelbar auf die Vermittlung folgt, sind die wichtigsten Informationen noch im Gehirn der Schüler gespeichert. Der erste Test wird also gut ausfallen und bei den Schülern die positive Einschätzung erzeugen, bei Ihnen etwas zu lernen. (Unter uns: Das Problem wird mittel- und langfristig darin liegen, das gerade Gelernte später immer wieder aus der geistigen Versenkung zu holen.)

Als dritte Maßnahme sollten die Schüler anfangs viel schreiben. Entweder lassen Sie von der Tafel abschreiben, oder Sie diktieren die zentralen Merksätze ins Heft. Auch dies wird die Schüler in dem (richtigen) Glauben bestärken, bei Ihnen würde man etwas lernen. Der Grund dafür ist folgender: Das Geschriebene hat für Schüler einen viel höheren Stellenwert als ein noch so anregendes Unterrichtsgespräch. Auch hier gilt der Satz von Goethe (»Faust«, was sonst?): »Denn was man schwarz auf weiß besitzt, kann man getrost nach Hause tragen.« Durch das Aufschreiben hat man etwas von bleibendem Wert, eine Einstellung, die richtig ist und von Lehrern im eigenen Interesse nicht vernachlässigt werden sollte.

4.2 Sichtbares Ziel

Dies ist das zweite wichtige Kriterium (vgl. S. 24), das man von Führungskräften erwartet. Diejenigen, die geführt werden, wollen schließlich wissen, wohin »die Reise geht«. Das angestrebte Ziel muss zum einen klar, zum anderen anerkannt sein. Damit wir uns nicht missverstehen: Das heißt nicht, dass die Schüler freudig allem zustimmen müssen, was Sie oder die Schule als Regel vorgeben. Das pünktliche Erscheinen zum Unterricht, das Anfertigen von Hausaufgaben oder die rechtzeitige Abgabe von Referaten ist sicher nichts, was Schüler gern freiwillig machen. Aber im Grunde ihres Herzens sehen sie die Berechtigung dieser anerkannten Ziele ein.

Dies vor allem dann, wenn auch der Lehrer diese Ziele vorlebt, indem er seine Versprechen erfüllt, seine »Hausaufgaben« erledigt und seine Termine einhält. Während Erwachsene im Verlauf ihres Lebens gelernt haben, mit der Enttäuschung über nicht gehaltene Versprechen oder nicht eingehaltene Termine zu leben, sind Schüler zu

Recht enttäuscht, falls Zusagen des Lehrers nicht eingehalten werden. Dabei haben sie ein erstaunlich gutes Gedächtnis, sobald es um etwas geht, das für sie von Vorteil sein könnte. Da werden fast wortwörtlich Zusagen zitiert, die man als Erwachsener längst vergessen hat, weil es nur unverbindliche Absichtserklärungen waren. Man sollte also bei Schülern in Bezug auf Zusagen und Versprechen nicht auf das Vergessen setzen.

 **Versprechen Sie nichts, was Sie nicht halten können,
denn die von Ihnen Geführten haben für Zusagen ein gutes Gedächtnis.**

Ein unumstrittenes Ziel ist Ehrlichkeit. Schüler, aber auch andere Geführte, können sich mit vielem arrangieren, sofern man ihnen gegenüber offen und ehrlich ist. Als Führungskraft sollte man sich darum vorher überlegen, was genau man will. Das ist leider schwieriger, als es sich hier auf die Schnelle liest. Denn es genügt nicht, pauschal wohlklingende Absichtserklärungen abzugeben wie »Ich möchte, dass ihr selbstständig werdet«. Das mag alles gut und richtig sein, ist aber unscharf und hilft einem nicht, im Bedarfsfall schnell eine konkrete Entscheidung zu fällen. Denn vielleicht ist ja die Nichtanfertigung der Hausaufgaben ein Schritt in Richtung Selbstständigkeit. Besser ist deshalb, sich schon vorher präzise Gedanken über alle Regeln, z. B. die Anfertigung von Hausaufgaben, zu machen, mit denen man das Ziel konkret umsetzen will. Und damit haben wir einen geschmeidigen Übergang zum nächsten Punkt.

4.3 Klarheit

Wer geführt wird, möchte als Gegenleistung für seine Unterordnung ein möglichst großes Maß an Sicherheit. Die jedoch kann es nur geben, wenn Klarheit herrscht. Dabei muss nicht nur das angestrebte Ziel klar sein, sondern auch die Regeln zu dessen Erreichen.

Von einem »richtigen« Lehrer erwarten Schüler, dass er schon bald seine konkreten Regeln bekannt gibt. Dann weiß man nämlich, woran man ist. Wer nur einen allumfassenden Grundsatz aufstellt wie »Rücksicht auf andere nehmen«, verstößt gegen das Führungsprinzip der Klarheit, weil die Regel viel zu allgemein ist und dadurch eigentlich nichts konkret abdeckt. Schon die Frage, ob die Schüler selbstständig zur Toilette gehen dürfen, wird hierdurch nicht mehr erfasst. Aus der (gut gemeinten) einen Regel werden – über immer neue Diskussionen – sehr schnell 47 oder 53 Unterregeln, was leider nicht besser ist. Denn diese Entwicklung lässt vermuten, dass der betreffende Lehrer keine Vorstellung davon hat, welche Probleme in der Praxis relevant sind, weshalb er zu solchen Pauschalformeln greift.

Der andere Ansatz, von vornherein alle Eventualitäten über ausgefeilte Regeln mit noch ausgefeilteren Definitionen abzudecken, erinnert stark an Allgemeine Geschäftsbedingungen bei Versicherungsverträgen. Auch diese Variante sollte man tunlichst vermeiden, weil sie nur scheinbar Klarheit schafft, in Wirklichkeit aber die Unsicherheit der Lehrkraft zeigt, die sich dadurch zudem jeden Spielraum nimmt.

Wenn also das eine so ungünstig ist wie das andere, wie macht man es dann richtig? Na ja, man bleibt in der goldenen Mitte. Bei der Aufstellung der Regeln sollte man im übertragenen Sinne an folgenden Satz denken:

 Nie die magische Zahl von zehn Regeln überschreiten.

Das bedeutet: Ein guter Lehrer orientiert sich an den Zehn Geboten und stellt maximal zehn Regeln auf. Das absolut notwendige Minimum dürfte bei fünf liegen. Etwaige Lücken werden nicht durch das Kleingedruckte im Regelwerk, sondern durch die Definitionsmacht des Lehrers ausgefüllt, indem *er* – und nicht die Mehrheit der Schüler – entscheidet, ob ein Verhalten stört oder nicht.

Um Ihnen eine praxiserprobte Basis für etwaige Regeln zu geben, seien hier die sechs wichtigsten genannt, die Sie nach Bedarf ergänzen können:
1. Anweisungen der Lehrkraft beim ersten Mal befolgen.
2. Wer seinen Platz verlassen möchte, meldet sich vorher.
3. Ruhig die Hand heben und nicht in die Klasse rufen.
4. Finger weg von anderen Tischen und fremdem Eigentum.
5. Handys sind ausgeschaltet und in der Tasche verstaut.
6. Keine beleidigende oder vulgäre Sprache verwenden.

Mit diesen sechs Regeln haben Sie erfahrungsgemäß 80 Prozent aller störenden Zwischenfälle erfasst, wobei die erste Regel mit Abstand die wichtigste ist. Sich auf sie berufend, brauchen Sie sich nämlich nicht auf Diskussionen über Ihre Anweisungen einzulassen.

An Hochschulen und Seminaren wird häufig empfohlen, man möge Regeln nie negativ, sondern immer positiv formulieren. Statt »Nicht mit dem Stuhl kippeln!« soll man sagen: »Den Stuhl mit allen Beinen auf dem Boden lassen!«

Grundsätzlich ist das in Ordnung, aber Sie merken schon, dass man daraus kein Dogma machen sollte. Denn wie will man die Regel »Nicht mit Papierkügelchen werfen!« positiv formulieren? Häufig ist die positive Formulierung länger und unklarer – und damit wenig geeignet. Und wenn es für Gott akzeptabel war, in seinen Zehn Geboten auch negativ formulierte Verbote (»Du sollst nicht stehlen!«) aufzustellen, brauchen *Sie* dabei keine Skrupel haben.

Die geforderte Klarheit als Führungsprinzip meint auch, nicht wie ein Politiker ständig seine Meinung zu ändern, sondern auch morgen noch das zu vertreten, was man gestern propagiert hat. Am häufigsten verstoßen Lehrer gegen diese Forderung, wenn sie bei Fehlverhalten von Schülern erst eine Sanktion androhen, sie dann aber nicht verhängen, sondern immer wieder »letzte Ermahnungen« geben, bis sie irgendwann, wenn niemand mehr damit rechnet, dann doch eine Sanktion verhängen. Solch unklares Verhalten sollte man nicht an den Tag legen, weil es die Glaubwürdigkeit und damit den Führungsanspruch untergräbt.

 Seien Sie keine pädagogische Wanderdüne, sondern der Fels in der Brandung.

Man sollte seinen Schülern nicht nur sagen, dass ein »Nein« auch wirklich »Nein« bedeutet, denn das haben sie schon oft gehört, genauso oft aber das Gegenteil erlebt. Demonstrieren Sie Konsequenz, indem Sie Ihren Worten auch die entsprechenden Taten folgen lassen.

Viele Kollegen zögern, eine angedrohte Maßnahme auch umzusetzen, und verschärfen dadurch nur das Problem. Ein Grund für ihr Zögern ist die (naive) Annahme, das störende Verhalten werde schon von ganz allein aufhören. Der zweite besteht in der Besorgnis, eine falsche bzw. unpädagogische Entscheidung zu treffen. Diese Angst ist unbegründet, denn der größte Fehler für eine Führungskraft besteht darin, eine Entscheidung immer wieder hinauszuschieben bzw. eine angekündigte Maßnahme gar nicht durchzusetzen.

Falls Sie genauer wissen wollen, warum so viele Lehrer immer wieder ermahnen, ohne Konsequenzen zu ziehen, sollten Sie das Kapitel 8.2 (S. 74) in diesem Abschnitt lesen.

4.4 Situationen richtig einschätzen

Von einer Führungskraft wird erwartet, kritische Situationen, die eine Entscheidung erfordern, richtig einzuschätzen: Man kann nicht mit einem Verhaltensmuster auf alle Probleme reagieren. Mal ist es sinnvoll, nichts zu unternehmen, mal ist eine »weiche« Maßnahme genau das Richtige, manchmal ist aber eine »harte« Konsequenz erforderlich, um die Situation wieder unter Kontrolle zu bringen. Diese Einschätzung erfordert zum einen Menschenkenntnis, zum anderen praktische Erfahrung, was in welcher Situation tatsächlich wirkt.

Beides kann ein Buch nicht vollständig ersetzen. Das muss fairerweise gesagt werden. Es kann aber Schüler, Eltern oder Kollegen typisieren sowie praktische Erfahrungen auswerten und feststellen, was nicht wirkt bzw. was wirkt. Das ist vermutlich hilfreicher, als seitenlang auszuführen, dieses Gebiet sei eigentlich so komplex, dass man nichts dazu sagen könne.

Ohne vorgreifen zu wollen, lässt sich grundsätzlich eines feststellen: In der Regel ist es günstiger, *früh* einzugreifen und früh Entscheidungen zu fällen. Hierdurch kann man nicht nur unerwünschte Entwicklungen schon im Ansatz unterbinden, auch das Eingreifen selbst fällt leichter. Wahrscheinlich kennen Sie diese Situation: Man erkennt eine Entwicklung, die einem missfällt und die man unterbinden will. Weil man als harmoniebetonter Mensch aber Auseinandersetzungen möglichst vermeiden möchte, hält man sich zurück und sagt nichts. Doch je weiter die Entwicklung voranschreitet, desto schwieriger fällt es, noch korrigierend einzugreifen.

Fragt man einmal Außenstehende, was professionelles Handeln (in allen Berufen) ausmacht, so wird immer wieder ein Punkt genannt: Der Profi besitzt die Fähigkeit, zwischen unwichtigem Kleinkram, den er vernachlässigt, und wirklich wichtigen Dingen, die er intensiv angeht, zu unterscheiden.

Für die Führung von Schülern bemisst sich dieses Kriterium der Wichtigkeit an der zentralen Frage, ob etwas aus *Versehen* oder aus *Absicht* geschieht. Wegen eines Schülers, der aus Versehen im Kunstunterricht seinen Wasserbecher umwirft, sollte man sich nicht aufregen. Die Überschwemmung wird einfach mit einem Lappen beseitigt. Ganz anders sieht es jedoch aus, sobald der Schüler voller Wut über seine letzte Kunstnote seinen Wasserbecher umstößt. Hier muss intensiv gegengesteuert werden.

4.5 Flexibilität

Dies ist die am schwierigsten zu verwirklichende Führungsqualität, weil sie nicht die oben genannte Klarheit der Führung infrage stellen darf. Wer so »flexibel« ist, unzählige Ausnahmen zuzulassen, jedem Wunsch nachzugeben oder immer wieder seine Position zu ändern, verliert seine Glaubwürdigkeit und setzt seine Führungsrolle aufs Spiel. Wer jedoch nie eine begründete Ausnahme zulässt, erscheint starr und wird zur unmenschlichen Entscheidungsmaschine.

Bei der schwierigen Gratwanderung zwischen Flexibilität und Klarheit ist es allerdings günstiger, sich im Zweifelsfalle für die Klarheit zu entscheiden und Ausnahmen grundsätzlich zunächst einmal abzulehnen. Der wichtigste Rat für junge Kollegen besteht deshalb darin, bei Anfragen von Schülern erst einmal spontan »Nein« zu sagen. Da die Fragen von Schülern in der Regel darauf zielen, günstigere Bedingungen für sich herauszuholen, steht man mit dieser Pauschalantwort erst einmal auf der sicheren Seite. Schließlich können Sie später, nach gründlichem Überlegen und auf eigene (!) Initiative hin, immer noch Zugeständnisse machen. Umgekehrt ist es deutlich schwieriger.

Wie nun entscheidet sich, ob es gerechtfertigt ist, eine Ausnahme von der Regel zuzulassen? Das bemisst sich danach, wie wichtig jemandem die Sache ist, um die er bittet. Es geht also darum, »Hürden« aufzubauen und zu beobachten, wie der Betreffende darauf reagiert. Nimmt er seinen Antrag zurück, oder bleibt er trotz einer Erschwernis dabei?

❶ Bauen Sie Hürden auf, um die Wichtigkeit zu testen.

Machen wir es konkret. Ein Schüler fühlt sich von Ihnen im Mündlichen zu schlecht beurteilt und möchte eine bessere Note haben. Das bedeutet nichts anderes, als von Ihrem üblichen Schema abzuweichen, nach dem Sie die Note erstellt haben. Sollten Sie trotzdem flexibel sein und dem Schüler entgegenkommen? Wie ernst dem Schüler sein Anliegen ist, können Sie leicht feststellen, indem Sie ihn bitten, doch kurz auf einer Seite *schriftlich* darzulegen, warum er meint, eine bessere Note verdient zu haben.

Diese kleine Hürde genügt in vielen Fällen, um eine Entscheidungshilfe zu bekommen, denn die meisten Schüler nehmen diese Anstrengung nicht auf sich. Ihr maximaler Einsatz besteht darin, mit Ihnen zu reden, zu verhandeln. Wer jedoch die Mühe nicht scheut und schriftlich ausführlich darlegt, warum er eine bessere Note für sich fordert, dem kann man eine gewisse Ernsthaftigkeit unterstellen. In solchen Fällen ist die Überlegung gerechtfertigt, ob man flexibel sein und von der Regel abweichen sollte. Ebenso können Sie, um die Wichtigkeit von Forderungen zu testen, die Schüler nach dem Unterrichtsende oder zu einem anderen ungünstigen Termin zu einem Gespräch bestellen.

Zur Führungsqualität der Flexibilität gehört auch, auf veränderte Situationen ruhig zu reagieren. Das ist gar nicht so schwierig, wenn man sich vergegenwärtigt, dass selbst die beste Planung unangenehme Zwischenfälle nicht verhindern kann. Es *kann* nicht nur immer etwas dazwischenkommen, meist *kommt* tatsächlich etwas dazwischen. Diese fundamentale Erkenntnis verstanden zu haben zeichnet eine echte Führungskraft aus. Sie lässt sich daher durch Zwischenfälle nicht aus der Bahn werfen. Falls auf der Klassenfahrt der Zug wegen eines Defekts mehrere Stunden Verspätung hat, dann ist das so. Wenn man deswegen erst um 2:00 Uhr morgens in der Jugendherberge ankommt, dann ist das so. Und wenn sich dann Ihre Begleitperson noch ein Bein bricht, dann ist das so. Es ist unangenehm, aber leider nicht zu ändern. Entscheidend ist, dass Sie als Führungskraft die Ruhe bewahren, Ruhe ausstrahlen und nicht in Panik, Lethargie oder Hyperaktivität verfallen. Das dürfen nur Schüler und Eltern.

 Nichts kann Sie erschüttern. Es ist so, wie es ist.

Es gibt einen kleinen Trost: Einerseits kommt zwar immer etwas dazwischen, andererseits geht es aber auch immer irgendwie weiter. Notfalls muss man improvisieren. Nichts ist so schlimm, dass es den Lauf der Welt anhalten könnte. Gerade in solch schwierigen Situationen sind die Augen aller Schüler auf Sie gerichtet. Das Wichtigste ist jetzt, keine Überraschung zu zeigen, sondern Gelassenheit zu demonstrieren. Sagen Sie: »Tja, damit muss man immer rechnen.« Dadurch suggerieren Sie, Sie hätten diesen Zwischenfall vorhergesehen. Das haben Sie natürlich nicht, aber er wirft Sie auch nicht aus der Bahn. Sie reagieren flexibel im Rahmen der bestehenden Möglichkeiten und machen das Beste daraus. Selbst in schwierigsten Situationen bewahren Sie sich Ihren Galgenhumor und schaffen es, gute Laune zu verbreiten: »Ist es nicht toll, die Nacht im

Zug auf den Gleisen zu verbringen, während andere in ihren Betten schlafen müssen? So habt ihr wenigstens etwas Aufregendes zu erzählen, wenn ihr zurückkommt.«

5. Sprache als Führungsmittel

5.1 Die Macht der Sprache

Zwar gewichten Schüler in entscheidenden Situationen Taten höher als Worte, aber gerade um eine Grundhaltung zu erzeugen, sollte man die Macht der Sprache nicht unterschätzen. Lassen Sie mich kurz zwei historische Beispiele skizzieren:

► Im Winter des Jahres 1757 marschiert Friedrich der Große mit seinen Truppen auf Breslau zu. Die Schlacht von Leuthen steht bevor, in der er einen doppelt so starken Feind, der zudem noch auf Anhöhen verschanzt ist, angreifen will. Die Soldaten sind halb erfroren und völlig übermüdet. Trotzdem wird die Schlacht gewonnen, weil der König eine Rede hält, die seine Truppen aufs Höchste motiviert.

► Im März des Jahres 44 v. Chr. wird Cäsar von Brutus und anderen mit 23 Dolchstichen ermordet. Der in Rom allseits beliebte Marc Anton, Ziehsohn Cäsars, begibt sich zu den Attentätern. Er bittet um die Erlaubnis, für seinen toten Freund Cäsar die Leichenrede zu halten, und verpflichtet sich, dabei nichts Schlechtes über die Attentäter zu sagen. Diese stimmen unter der Bedingung zu, dass Brutus zuerst die Tötung rechtfertigen darf. Nachdem Brutus den Pöbel überzeugt hat, spricht Marc Anton. Während die Attentäter quasi mit gezücktem Dolch hinter ihm stehen, fängt er harmlos an (»… und Brutus ist ein ehrenwerter Mann«), ändert dann aber den Ton, reißt die Stimmung herum und wiegelt die Massen so auf, dass sie die Attentäter vertreiben und deren Häuser anstecken.

Was sollen diese beiden Beispiele? Sie zeigen, welche Macht eine geschickt gewählte Sprache entfalten kann. Besonders das zweite Beispiel ist beeindruckend, weil der Redner nicht eine bereits vorhandene Grundhaltung (wie Goebbels vor handverlesenem Publikum) verstärkt, sondern die herrschende Stimmung der Massen (Billigung von Cäsars Tod) in die entgegengesetzte Richtung führt.

Das bedeutet für die Schule: Wer sprachlich geschickt ist, kann eine Klasse, eine Elterngruppe oder ein Kollegium für seine Ziele in Begeisterung versetzen. Dafür ist es günstig, zu Beginn der Rede den Geführten sein großes Vertrauen auszusprechen, weil sie auch Herausforderungen bewältigen können, die über dem Standard liegen.

Damit wir uns nicht missverstehen und die Wirkung der geschickten Rhetorik nicht überschätzt wird: Durch flammende Reden kann man eine positive Grundstimmung erzeugen. Diese jedoch hält immer nur eine gewisse Zeit an, bevor sie durch das Alltagsgeschäft wieder verfliegt. Des Weiteren ist es nicht möglich, akutes störendes Schülerverhalten durch eine aufrüttelnde Rede zu unterbinden. Hier hilft nur, schnell und konsequent zu handeln.

5.2 Das Frage- und Rederecht

Sicher haben Sie im Rahmen der Kommunikationstheorie erfahren, woran man bei Gesprächen merken kann, wer wen dominiert. Neben dem zeitlich größeren Redeanteil sind dies vor allem:

► das Recht, unaufgefordert zu reden
► das Recht, Fragen zu stellen
► das Recht, andere zu unterbrechen

Auch den Schülern sind diese Kriterien geläufig, allerdings unbewusst. Aber sie spüren schon, wie sie die Situation dominieren, wenn sie ungefragt etwas in die Klasse rufen, den Lehrer schon vor dem Betreten des Raumes mit Fragen bestürmen oder einfach unterbrechen dürfen, sobald ihnen etwas missfällt. Wer folglich deutlich machen möchte, dass *er* die Führung hat und nicht die Schüler, sollte auf seine »kommunikativen Rechte« nicht leichtfertig verzichten.

Elementar ist es deshalb, Schüler dazu zu bringen, *ruhig* die Hand zu heben, bevor sie nach Aufruf durch den Lehrer etwas sagen dürfen. Schließlich ist es nicht nur eine Formalität, die für einen geregelten Ablauf von Gesprächen sorgt, sondern auch ein untrügliches Indiz dafür, wer bestimmt, wer zu welchem Zeitpunkt etwas sagen darf. Das Dazwischenrufen ist häufig gekoppelt mit dem Unterbrechen eines anderen, der gerade spricht. Dieses Verhalten gilt es frühzeitig zu unterbinden. Sinnvoll ist es deshalb, Schüler, die andere unterbrechen, erst als Letzte reden zu lassen. Schließlich ist es grob unhöflich. Das gilt insbesondere, wenn es die Lehrkraft ist, die vom Schüler unterbrochen wird. Falls ein solches Verhalten wiederholt auftritt, sollte zuerst die »Gelbe Karte« gezeigt und bei einer Wiederholung ein Text abgeschrieben werden (siehe Beispiel im Downloadbereich unter www.beltz.de).

Natürlich haben die Schüler das Recht, Fragen zu stellen, um im Rahmen des Unterrichts etwas zu lernen. Aber das ist in der obigen Aufzählung nicht gemeint, wie Sie sich vorstellen können. Es geht um Fragen, die entweder nichts mit dem Unterricht zu tun haben (»Sind Sie verheiratet?«) oder zur Unzeit kommen, also vor dem Unterricht bzw. in den (kleinen) Pausen. Wer auch außerhalb des Unterrichts jederzeit für Schüler ansprechbar ist, der verkauft sich unter Wert und verliert an Respekt.

Natürlich hat man als Lehrer ein offenes Ohr für Probleme der Schüler, aber zu einem Zeitpunkt, den man selbst bestimmt. Nicht nur, weil viele Schüler das Warten verlernt haben und alles sofort wollen, ist es pädagogisch geboten, ihre Anfragen zeitlich nach hinten zu schieben. Es verdeutlicht auch: Ich bin als Lehrer zeitlich stark eingespannt. Deshalb habe ich bestimmte Zeiten festgelegt, um z. B. organisatorische oder persönliche Probleme zu besprechen.

Auch Ihre kleinen Pausen sollten Ihnen heilig sein. Immer wieder erlebt man Schüler, die in der kleinen Pause die Kollegen mit Fragen bestürmen, die sie bequem auch während des Unterrichts stellen könnten. Vermitteln Sie den Schülern: Sie als Lehrer haben einen anspruchsvollen und ausgesprochen anstrengenden Beruf. Deshalb haben Sie von Zeit zu Zeit Anspruch auf eine Pause, in der Sie abschalten und nicht gestört werden wollen.

5.3 Das wichtige Nein

Der Umgang mit Schülern erscheint so lange unkompliziert, wie man ihren Wünschen regelmäßig stattgibt. Wer dies jedoch macht, wird irgendwann Schwierigkeiten bekommen. Zum einen wird der Spielraum der Schüler zunehmend größer, während der eigene schrumpft, zum anderen wird ein Nein immer weniger akzeptiert. Jeder, der Schüler in seinem Sinne führen will, muss folglich auch Nein sagen können, eine Fähigkeit, die weitgehend abhandengekommen ist und die viele Schüler auch aus dem Elternhaus kaum noch kennen.

Aber zu einer Erziehung, die Schüler realitätsnah auf die Zukunft vorbereiten will, gehört es auch, ihnen zu vermitteln, mit Ablehnungen und Enttäuschungen fertig zu werden. Die kurz anhaltende Unzufriedenheit, die Schüler nach einem Nein zeigen, sollte man sich als Lehrer nicht zu sehr zu Herzen nehmen. Noch weniger sollte man sie als persönliches Versagen interpretieren. Vielmehr ist es die Folge früherer Versäumnisse. Kinder und Heranwachsende brauchen für ihre Entwicklung Menschen, die Nein sagen und an denen sie ihre Willensbildung testen können. Da viele Elternhäuser diese Funktion immer seltener ausüben und ihren Kindern keinen Widerstand mehr entgegensetzen, werden immer häufiger die Lehrkräfte zu den Personen, an denen Schüler ihren Widerstand trainieren wollen.

Ein zentraler Fehler bei Lehrern (und Eltern) besteht darin nachzugeben, obwohl man eigentlich lieber Nein sagen möchte. Aber man traut sich nicht, weil man es für hart oder unpädagogisch hält. Man will von den Schülern gemocht werden oder scheut die Auseinandersetzung, die fast zwangsläufig kommen würde. Allerdings ist sie bei einem frühzeitig und überzeugend vorgetragenen Nein gar nicht so heftig, wie immer befürchtet wird. Zudem wird durch das wiederholte Aufschieben des Neins die Auseinandersetzung in der Zukunft immer schwieriger, der Konflikt entwickelt sozusagen »Zinsen«.

Warum nun tun sich Eltern und auch manche Lehrer so schwer damit, Nein zu sagen? Sie wollen ihren Schützlingen alles Gute zukommen lassen, was in ihrer Macht steht, deshalb sagen sie lieber Ja als Nein. Die Rechnung scheint zunächst aufzugehen, denn im ersten Moment erreicht man dadurch Zufriedenheit. Allerdings hält diese meist nicht lange vor, weil Kinder und Jugendliche versuchen, bei dieser verständnisvollen Person noch etwas mehr herauszuholen. Wird wieder ein Zugeständnis erreicht, so folgt auf die erneute kurze Zufriedenheit schon bald die nächste Forderung. Und so weiter und so weiter, und zwar so lange, bis durch ein Nein schließlich doch eine Grenze gezogen wird.

Viele Lehrkräfte, die ein Ja als Ausdruck der Zuneigung und ein Nein als Ablehnung interpretieren, verstehen nicht, dass es den Schülern weniger um die Forderung selbst als vielmehr um das *Erfahren einer Grenze* geht. Deshalb werden immer wieder neue Forderungen gestellt. Die Schüler möchten wissen, bis zu welchem Punkt eine Lehrkraft zu Zugeständnissen bereit ist, denn diese übergeordnete Information ist viel wichtiger als das Zugeständnis selbst.

 Je länger Sie ein Nein hinausschieben, desto schwieriger wird es.

In der Schule gibt es ein (scheinbares) Paradoxon: Je häufiger eine Lehrkraft nachgibt, um bei den Schülern beliebt zu sein, desto mehr wird sie von ihnen ausgenutzt und verliert letztlich an Respekt. Dieser Effekt lässt sich erklären: Schüler kennen noch keinen Unterschied zwischen dem, was sie spontan wollen, und dem, was sie wirklich brauchen. Das ist kein Vorwurf. Und es wäre eine Überforderung, von ihnen zu verlangen, diesen Unterschied zu erkennen. Selbst etliche Erwachsene scheitern daran, wenn sie z. B. auf Raten etwas kaufen, was sie gerne haben möchten, das sie aber eigentlich nicht brauchen und wofür sie kein Geld haben.

Diese wichtige Differenzierung zwischen dem, was man will, und dem, was man braucht, können nur Erwachsene vornehmen, die gelernt haben, langfristig zu denken. Dazu gehören die meisten Lehrer. Ihr Missverständnis besteht jedoch darin, von sich auf andere zu schließen und die geäußerten momentanen Wünsche der Schüler als reflektierte, echte Bedürfnisse auszulegen. Dazu sind durchschnittliche Schüler nach ihrer geistigen Entwicklung aber noch nicht in der Lage. Sie wissen zwar immer, wozu sie gerade Lust haben, kennen aber nicht ihre eigentlichen Bedürfnisse.

 Schüler wissen zwar, was sie wollen – aber nicht, was sie brauchen.

Das bedeutet: Nur pädagogisch kompetente Erwachsene wie Lehrer können solche Entscheidungen für die Schüler treffen. Nur sie können abwägen, welche negativen Folgen aus einem vorschnellen Zugeständnis zu einem spontanen Wunsch resultieren könnten.

Deshalb ist die Frage der Schule, worauf die Schüler denn Lust haben, der falsche Ansatz, weil er sich vorrangig am Spaß orientiert. Viel wichtiger ist die Frage, was die Schüler brauchen. Eine verantwortliche schulische Führung bedeutet, dafür zu sorgen, dass die Schüler das bekommen, was sie für die Zukunft benötigen. Deshalb ist ein Nein zwar nicht die einfachste, aber oft die bessere Antwort.

Als Hilfe kann man für sich die Forderung von Schülern umformulieren, um sich zu verdeutlichen, dass sie eigentlich nur ein Test ist, Grenzen zu finden. Falls also ein Schüler nach einer Aufgabenstellung (schriftliche Zusammenfassung eines Textes) fragt: »Reicht das, wenn ich das nur mündlich mache?«, so ist damit gemeint: »*Was halten Sie davon,* wenn ich das nur mündlich mache?« Bereits diese etwas andere Formulierung gibt der Frage eine ganz andere Richtung, die es einem als Lehrer leichter macht, mit Nein zu antworten. Und durchschnittliche Schüler erleiden dadurch keine irreparablen seelischen Schäden, sondern erkennen eine Grenze, die ihnen als Orientierung hilft.

6. Typen von Schülern

Natürlich ist jeder Schüler anders. Aber für eine Lehrkraft ist es in der täglichen Praxis wenig hilfreich, diese theoretische Komplexität zur Grundlage von Führungsstrategien zu machen. Effektiver ist es deshalb, Kategorien zu bilden, selbst wenn diese nicht hundertprozentig zutreffend sein sollten. So lassen sich, bei großzügiger Anwendung, die meisten Schüler einem der folgenden drei Typen zuordnen.

► Etwa 40 Prozent sind pflegeleichte und flexible »Unterstützer«.
► Etwa 50 Prozent sind eher vorsichtige und zurückhaltende »Wechselwähler«.
► Etwa 10 Prozent sind schwierige und widerspenstige »Gegenspieler«.

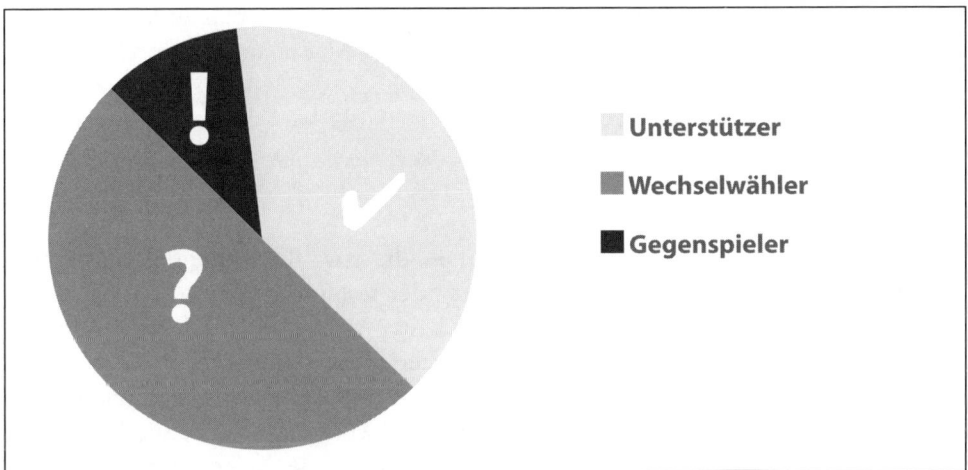

Abb. 3: »Normalverteilung« in der Klasse

Alle Schüler wollen Grenzen testen, aber sie tun es auf unterschiedliche Weise und mit unterschiedlicher Hartnäckigkeit. Wenn Sie einmal an Ihre Klassen denken, kommen Sie vielleicht auch zu dem Ergebnis, dass nur etwa zehn Prozent der Schüler fast 90 Prozent der Probleme verursachen. Immer wieder hört man von Kollegen: »Wären diese zwei (oder drei) Schüler nicht mehr in der Klasse, würde vieles einfacher laufen.« Genau so ist es. Und zwei bis drei Schüler entsprechen etwa zehn Prozent. Dieser Schülertyp der »Gegenspieler« reagiert leider nicht auf Maßnahmen, die beim großen Rest der Klasse wirken.

Die verbleibenden 90 Prozent verteilen sich auf »Unterstützer«, die problemlos die gesetzten Grenzen respektieren, und »Wechselwähler«, die sich je nach Situation auf die Seite schlagen, die sie für die stärkere halten. Sie sind nicht das Zünglein, sondern die ziemlich große Zunge an der Waage.

6.1 Die Unterstützer

Sie testen nur selten die Grenzen, weil sie kooperieren und dem Lehrer gefallen wollen. In der Regel reicht ihnen sein gesprochenes Wort als Grundlage für ihre Entscheidung und die Erforschung der schulischen Welt. Ihre Lernprozesse laufen problemlos ab, und fast nie müssen ernste Konsequenzen gezogen werden. Gerade für junge Lehrer ist dies beruhigend: Über ein Drittel einer durchschnittlichen Klasse ist grundsätzlich auf ihrer Seite. Allerdings wäre es vorschnell, von ihrem Verhalten auf die gesamte Klasse zu schließen.

Vielmehr ist das Verhalten der Unterstützer so entgegenkommend, dass (bei ihnen) selbst wenig effektive Maßnahmen wirken. Sie reagieren positiv auf jede Art von disziplinarischer Führung. Ihren Namen an die Tafel unter ein trauriges Gesicht (☹) zu schreiben oder sie einen Text zu ihrem Fehlverhalten abschreiben zu lassen genügt meist völlig. Daraus jedoch zu schließen, dass diese Maßnahmen *generell* wirksam sind, wäre ein großer Fehler.

6.2 Die Wechselwähler

Sie sind eine nicht zu unterschätzende Gruppe, die etwa die Hälfte der Klasse ausmacht. Wahlweise kooperieren diese Schüler oder testen die Grenzen, je nachdem, wie sie die aktuelle Situation einschätzen. Sie halten sich eher zurück, gehen ungern Risiken ein, sind aber gute Beobachter und können soziale Situationen treffend analysieren. Sie verfolgen die Aktionen der Gegenspieler in ihrer Klasse genau und werten die entsprechende Reaktion des Lehrers aus: Wenn die Gegenspieler damit durchkommen, wiederholt die Führungsrolle des Lehrers zu schwächen oder ohne Konsequenzen Regeln zu verletzen, werden auch sie mutiger und fangen ebenfalls an, Grenzen zu testen.

Das ist der Moment, von dem an es für Lehrer richtig anstrengend wird. Den Herausforderungen von zwei oder drei Schülern zu begegnen ist durchaus möglich. Sobald jedoch zehn oder mehr ihre Grenzen testen wollen, ist das nicht mehr zu schaffen. Stellen die Wechselwähler hingegen fest, dass die Gegenspieler mit ihren Regelverstößen keinen Erfolg haben, so entscheiden sie sich für die Kooperation und schlagen sich auf die Seite der Unterstützer. Es gibt also zwei Möglichkeiten:

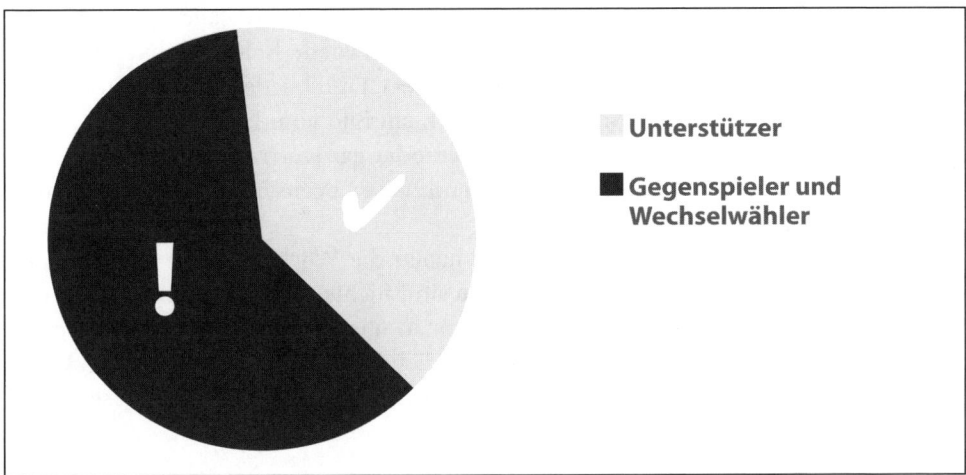

Abb. 4: Gegenspieler plus Wechselwähler

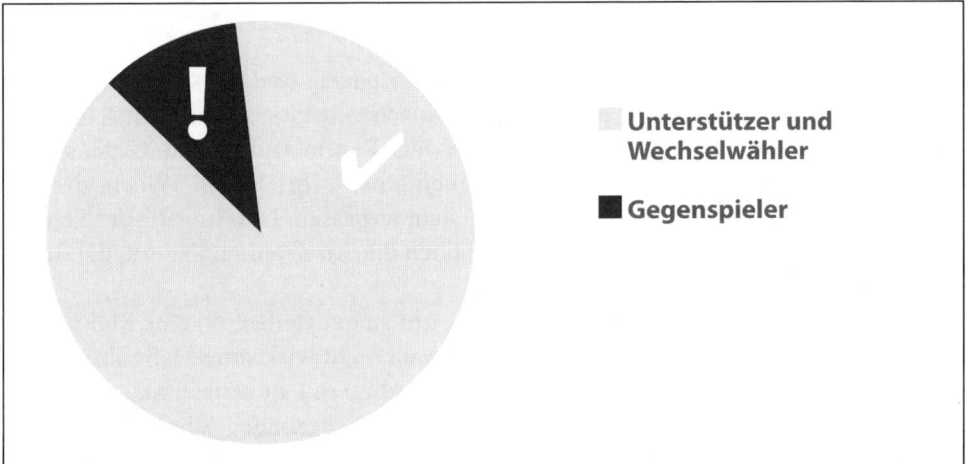

Abb. 5: Unterstützer plus Wechselwähler

Die Tortendiagramme zeigen, welche Variante für den Lehrer entspannter ist: Verliert man die Wechselwähler, muss man mit ständigen Herausforderungen von mehr als der Hälfte der Klasse rechnen. Gewinnt man die Wechselwähler für sich, sind es nur noch zehn Prozent der Schüler, die den Führungsanspruch infrage stellen.

6.3 Die Gegenspieler

Die Grundlage für ihre Entscheidungen bekommen sie nicht, indem sie Worte des Lehrers hören oder Mitschüler beobachten, sondern durch eigenständige aktive »Forschung«. Um Entscheidungen für ihr schulisches Verhalten zu fällen, brauchen sie *harte Fakten* als Information. Diese erhalten sie durch wiederholte Grenzverletzungen und die damit verbundenen Reaktionen des Lehrers. Durch jeden Regelverstoß erhalten sie ein weiteres wichtiges Puzzleteil, um sich ein Bild vom Lehrer und von dessen Reaktion zu machen. Regeln nur zu verkünden oder gar wortreich zu erklären ist für kritische Schüler nicht ausreichend. Allein *Handlungen* beeindrucken sie so sehr, dass sie echte Konsequenzen daraus ziehen.

Durch Erfahrungen aus dem Elternhaus haben die Wörter »Nein« oder »Aufhören!« für sie nur theoretische Bedeutung. Sie sind nichts weiter als theoretische Vorschläge von Erwachsenen, die es in der Praxis zu überprüfen gilt. Die Gegenspieler wissen genau, wie man herausfindet, was wirklich hinter diesen Wörtern steckt. Sie testen eine Grenze so lange, bis der Lehrer *handelt,* dann analysieren sie diese Aktion im Hinblick auf ihr weiteres Verhalten.

 Gegenspieler lernen vor allem nonverbal.

Da sie in Bezug auf Verhaltensänderungen sehr hartnäckig sind, müssen sie mehrfach die Erfahrung unangenehmer Konsequenzen machen, bevor sie ihre Entscheidung treffen, ihr Verhalten ändern und Autoritäten oder Regeln akzeptieren. Gegenspieler besitzen in (für sie) wichtigen Angelegenheiten einen sehr starken Willen, deshalb brauchen sie viele Puzzleteile, die nahtlos ineinanderpassen. Die Aufgabe des Lehrers ist es, seinen Gegenspielern in Form harter Fakten die Puzzleteile zu liefern, die sie für eine richtige Entscheidung benötigen.

Die Gegenspieler sind das beste Kriterium, um zu beurteilen, ob eine Maßnahme für die Praxis effektiv ist und ihr Ziel erreicht, weil nicht wirksame Maßnahmen wie ein Bumerang auf den Lehrer zurückkommen. In diesem Fall verliert man nicht nur die Kontrolle über die Gegenspieler, sondern man riskiert auch, die Führung über die Wechselwähler zu verlieren, was die Situation in der Klasse extrem belastend macht.

Allerdings ist es nicht leicht, die Gegenspieler dazu zu bringen, dem Lehrer zu folgen, denn Zugeständnisse werden von ihnen instinktiv als Zeichen von Schwäche interpretiert. Eine pädagogische Entschlossenheit nur vorzutäuschen wird nicht funktionieren. Schließlich sind die Gegenspieler ausgesprochen geschickt darin, selbst kleinste Gefühlsregungen anhand von Stimme, Mimik und Gestik zu entschlüsseln. Diese für sie elementare Fähigkeit haben sie im Laufe ihrer meist harten Kindheit erworben. Gerade bei jähzornigen, unberechenbaren Eltern ist es überlebenswichtig, frühzeitig zu wissen, in welcher Stimmung sich die Erwachsenen gerade befinden und wie groß z. B. die Gefahr ist, geschlagen zu werden.

Rein »technisch« ist es gar nicht so schwierig, Gegenspieler zu führen. Aber die Handlungen der Lehrkraft müssen voller Überzeugung erfolgen. Wer befürchtet, die

Schülerseele könnte Schaden nehmen, sobald man nicht nur verbal ermahnt, der sollte den folgenden Abschnitt schnell wieder vergessen.

Bei Unterstützern reicht bereits die Lehreräußerung: »Es ist mir viel zu laut!«, der Gegenspieler aber benötigt ein klareres Signal. Denn die Botschaft, dass es dem Lehrer zu laut ist, stellt für ihn kein Problem dar. Da er ganz andere Geräuschpegel gewohnt ist, kann er gut damit leben. Er sagt vielleicht: »Okay«, ändert aber sein Verhalten nicht. Daneben denkt er: »Ich werde leiser sein, wenn ich keine andere Wahl mehr habe.« Aber dieser Moment ist noch lange nicht gekommen. Bei einer solchen Ermahnung prognostizieren die Gegenspieler gemäß ihrer Erfahrung, was vermutlich passieren wird, falls sie der Anweisung der Lehrkraft nicht folgen.

Sie brauchen deshalb eine klare Information, die ihnen diese Prognose und damit die Entscheidung erleichtert. Sobald die Lehrkraft glaubhaft ankündigt: »Hör auf, mit deinem Nachbarn zu reden – oder ich setze dich hinten in die Ecke«, ergibt sich für den Gegenspieler eine völlig andere Situation. Er hat nun die Wahl zwischen dem großen Übel, isoliert zu sitzen, und dem kleinen Übel, den Mund zu halten. Diese Entscheidung ist leicht, und die meisten Schüler werden das kleinere Übel wählen. Natürlich funktioniert diese Wahl des besseren Verhaltens nur, wenn der Schüler gelernt hat, dass der Lehrer tatsächlich das durchsetzt, was er vorher angekündigt hat.

 **Glaubwürdigkeit zu verlieren geht leicht,
sie zu gewinnen ist mit Mühe verbunden.**

Wer aus Bequemlichkeit mehr als einmal einer Ankündigung keine Taten folgen lässt, hat seine Glaubwürdigkeit bei den Gegenspielern bereits verloren. Um sie wiederzugewinnen und zu einer anderen Einschätzung der Lage zu bringen, muss konsequentes Verhalten über einen langen Zeitraum praktiziert werden.

Auch Gegenspieler können Sie gut führen, wenn Sie vom ersten Moment an konsequent handeln. Allerdings sollten Sie sich keinen übertriebenen Hoffnungen hingeben: Sie werden damit leben müssen, eine kleine Zahl von Gegenspielern nicht völlig auf Ihre Seite ziehen zu können. Das hängt zum einen damit zusammen, weil Sie eben Lehrer sind und auf bestimmte Forderungen nicht verzichten können, zum anderen damit, dass manche Gegenspieler von zu Hause bereits so stark vorstrukturiert sind, dass zwar eine gewisse Anpassung an die schulischen Regeln möglich ist, jedoch keine völlige Änderung mehr.

7. Hirnforschung, Lernpsychologie und Führung

7.1 Wie Lehrer Regeln lehren

Viele Lehrer vermitteln Schülern ihre Regeln, indem sie reden. Das ist verständlich. Schließlich ist das Reden ein wesentlicher Bestandteil des Lehrerberufs, und viele Lehrer sind gute Redner. Über Studium und Referendariat sind sie so sozialisiert, dass *Worte* ihre Einstellung prägen und den Großteil ihres Lebens bestimmen. Und weil es menschlich ist, von sich auf andere zu schließen, geht der typische Lehrer davon aus, auch seine Schüler müssten sich über Worte zu den gewünschten Handlungen bewegen lassen.

Zudem ist es deutlich einfacher, zu reden, als zu handeln. Es ist nicht schwierig, die Absicht zu verkünden, mit dem Rauchen aufzuhören, einmal wöchentlich zu joggen oder vorm Fernseher keine Chips mehr zu knabbern. Eine dieser guten Absichten aber tatsächlich durchzuführen ist hingegen deutlich schwieriger, vor allem für Jugendliche.

Aus dem Missverständnis, in Schülern bereits kleine und vernünftige Erwachsene zu sehen, resultieren falsche Signale, um Schüler zu führen: Viele Kollegen bauen lange auf die Wirkung ihrer Worte und handeln deshalb erst sehr spät und widerstrebend. Im schlimmsten Fall handeln sie gar nicht. Um ihre Regeln verbal durchzusetzen, versuchen sie verschiedene Methoden: Sie warnen, ermahnen, bitten, erklären, drohen, argumentieren, erpressen, verhandeln oder bestechen. Vor allem *wiederholen* sie immer wieder die bekannten Regeln.

Trotz ihrer ausgefeilten verbalen Techniken sind viele Lehrer irgendwann nervlich am Ende, ganz einfach deshalb, weil das ständige Bitten und Ermahnen für sie ermüdend und erniedrigend sind und trotzdem nicht funktionieren. Es ist der schnellste

Weg zum Burn-out. Denn ständiges Ermahnen stoppt weder das Fehlverhalten noch lehrt es Verantwortung. Und letztlich untergräbt es die Autorität des Lehrers.

 Nur durch Reden (ohne Handeln)
werden Regelverstöße nicht gestoppt, sondern gefördert.

Grenzen, die nur durch Worte und nicht durch Taten definiert sind, werden von vielen Schülern als »weich« empfunden. Schauen wir uns Kevin an, wie er während des Unterrichts ein Brötchen isst.

Lehrerin: Kevin, du weißt, dass du im Unterricht nicht essen sollst. Bitte pack das Brötchen weg und warte bis zur Pause.

Kevin: 'tschuldigung. (Er legt das Brötchen unter den Tisch, holt es von dort aber nach ein paar Minuten wieder hervor und isst weiter, bis er wieder erwischt wird.)

Lehrerin: Kevin! Isst du wieder? Ich dachte, ich hätte dir gesagt, dass du bis zur Pause warten sollst.

Kevin: Okay. (Er legt das Brötchen wieder weg, holt es ein paar Momente später wieder hervor und beißt schnell ab, wobei er wieder erwischt wird.)

Lehrerin: Kevin! Pack das Brötchen weg. Wenn ich dich essen lasse, müsste ich alle essen lassen.

Kevin: Na und? Das wär doch nicht schlimm. Außerdem hab ich solchen Hunger, dass ich mich kaum konzentrieren kann.

Lehrerin: Na gut, beiß noch einmal ab, aber dann warte bitte bis zur Pause.

Die nette Kollegin glaubt vielleicht, sie habe sich letztlich durchgesetzt. Aber das ist ihre sehr subjektive Interpretation. In Wirklichkeit hat Kevin gesiegt und ihre »weiche« Grenze zu seinen Gunsten verschoben. Den größten Teil seines Brötchens hat er essen können, den kleinen Rest wird er bis zum Stundenende auch noch schaffen.

Was lernt Kevin aus dieser Situation? Er lernt: Es ist in Ordnung, während der Stunde zu essen, falls man bereit ist, die Kommentare der Lehrerin zu ertragen. Damit wird die verbale weiche Grenze des Nichtessens im Unterricht zu einer rein theoretischen. Um ein Bild zu geben: Regeln, die ein Lehrer nur anspricht, sind nicht mehr als ein Eiswürfel, den man ins Feuer legt. Will man etwas Wirksames, bringt es nichts, später einen zweiten oder noch später dritten Eiswürfel dazuzulegen, sondern man braucht ein anderes Material, z. B. eine dicke Decke, die das Feuer erstickt. Das ist die Handlung. Wer also Schülern Regeln wirksam vermitteln will, darf nicht reden, sondern muss möglichst bald handeln.

7.2 Wie Schüler Regeln lernen

Schüler sind keine Erwachsenen. Dieser Satz erscheint hochgradig banal, ist es aber nicht. Alle Lehrer (und das Kultusministerium) wissen das theoretisch, aber sie handeln nicht nach dieser Erkenntnis. Und so haben wir völlig »verkopfte« Curricula und Lehrkräfte, die nicht verinnerlicht haben, dass Schüler völlig andere Signale brauchen als sie selbst. Dieses Kapitel wird zeigen, wie Schüler tatsächlich Regeln lernen und warum manch gut gemeinter Versuch von Lehrern, die Führung zu übernehmen, zum Scheitern verurteilt ist.

Untersuchungen von Jean Piaget und Lawrence Kohlberg über die intellektuelle und moralische Entwicklung von Kindern haben eine Fülle von Informationen darüber geliefert, wie Kinder Regeln lernen und daraus Überzeugungen und Haltungen entwickeln. Dieser Lernprozess ist qualitativ anders als das Lernen von Erwachsenen. Kinder denken und lernen konkret, d. h. aus dem, was passiert bzw. was sie erleben, am eigenen Leibe erfahren.

Da Schülern konkrete Taten wichtiger sind als Worte, um sich ein Bild von der Welt zu machen, formulieren sie auch ihre Fragen häufig nicht verbal, sondern über ein bestimmtes Verhalten. Kevin aus der vorigen Szene fragt nicht verbal, ob er noch einmal vom Brötchen abbeißen darf, er probiert es einfach aus und bekommt über die Reaktion der Lehrerin eine Antwort auf seine nonverbale Frage.

Kevin nur zu sagen, er möge nicht essen, ist abstrakt und bewirkt keinen Lernprozess. Ihm jedoch das Brötchen wegzunehmen und es ihm erst am Ende der Stunde zurückzugeben ist konkret und lässt ihn etwas lernen: Der Verstoß gegen eine Regel hat jetzt eine echte **Konsequenz,** und Kevin wird begreifen: Die Lehrerin setzt die Regel auch durch, die sie verkündet hat.

Wer sich ein wenig mit Hirnforschung beschäftigt hat, der weiß, dass man dem Schülerhirn keine Regeln beibringen kann, indem man sie lediglich aufzählt. Es funktioniert nicht einmal, wenn man die Regel ausführlich erklärt. Kevins Gehirn ist autonom. Es erforscht die Wirklichkeit und bildet daraus selbst die wichtigen Regeln, und zwar nach dem, was passiert.

Jedoch wird nicht bereits das einmalige Handeln der Lehrkraft dazu führen, eine Regel herauszubilden und zu verinnerlichen. Schüler wie Kevin, die in bestimmten Dingen einen starken Willen besitzen, brauchen mehrere Durchgänge, bis sie gelernt haben, dass diese Regel wirklich gilt. Dann aber ist das gewünschte Verhalten gesichert.

7.3 Das Missverständnis der Löschung

Sobald es um störendes Schülerverhalten geht, wird an Hochschulen und Seminaren, falls sie sich mit solchen Themen befassen, häufig Herr Skinner zu Hilfe gerufen. In seinem Labor hatte er nicht nur herausgefunden, wie man Ratten über Belohnungen (Futter) beibringen kann, eine bestimmte Taste zu drücken, sondern er hatte sich auch mit der Frage beschäftigt, wie man das gelernte Verhalten wieder rückgängig machen kann. Tatsächlich hatte er dafür einen Weg gefunden, den die Lernpsychologie als »Löschung« bezeichnet und der Studenten und Referendaren als nicht autoritäres Zaubermittel vorgestellt wird, um störendes Schülerverhalten wieder verschwinden zu lassen.

Was nun hatte Herr Skinner herausgefunden? Die Ratten hörten irgendwann auf, die Futtertaste zu drücken, wenn sie nach etlichen Fehlversuchen enttäuscht feststellen mussten, dass es beim Drücken der Taste wirklich kein Futter gab. So konnte Skinner das Gelernte wieder rückgängig machen, also löschen. So weit, so gut.

Alles schien so einfach, so klar. Warum sollte das, was bei Ratten funktionierte, nicht auch bei Schülern klappen, um ihnen ein störendes Verhalten abzugewöhnen? Und so empfahlen Pädagogikprofessoren oder Seminarleiter ihren Lehramtsanwärtern, eine Störung einfach zu ignorieren, um sie so zu löschen. Das Beste dabei: Die Lehrkraft musste dabei nicht führen, konnte auf autoritär disziplinarische Maßnahmen verzichten und sich darauf beschränken, einfach nichts zu tun. Das pädagogische Wundermittel war gefunden!

In der Praxis stellten die Junglehrer jedoch schon bald fest, dass die so warm empfohlene Löschung fast nie wirkte. Die Sensiblen unter ihnen vermuteten die Schuld nicht bei den pädagogischen Propheten, sondern bei sich und begannen (zu Unrecht), an ihrer Kompetenz zu zweifeln. Dabei ist die Erklärung recht einfach. Der Grund für die Unwirksamkeit liegt darin, Skinners (unbestrittene) Erkenntnis einer Laborsituation einfach auf die Schulpraxis zu übertragen. Das wäre so, als würde man ein Verfahren der Autopsie auf eine Operation am offenen schlagenden Herzen übertragen. Das kann man nicht machen, und Skinner wäre vermutlich der Erste, der sich gegen eine solche Übertragung gewandt hätte.

In der Laborsituation war eine Ratte *allein* in einem Käfig, in der Klasse haben wir durch etliche Mitschüler, die immer irgendwie reagieren, eine gruppendynamische Situation, die kaum vergleichbar ist. Aber das ist nur der äußere Rahmen, der völlig anders ist. Viel entscheidender ist der »inhaltliche« Unterschied der beiden Situationen: Die Ratte im Labor bekommt, sobald die Taste von der Futterzufuhr getrennt ist, keinerlei positive Rückmeldung mehr. Es passiert rein gar nichts, und der Tastendruck als solcher ist nicht angenehm.

Die Situation eines störenden Schülers, der z. B. in seiner Lerngruppe Witze reißt, ist damit nicht zu vergleichen. Der Schüler will die Aufmerksamkeit der Gruppe – und die wird er bekommen. Sogar wenn der Lehrer überhaupt nicht auf die Störung reagiert, was unwahrscheinlich ist, wird es die Klasse tun. Schon das kurze Auflachen einiger Gruppenmitglieder genügt, um als »Belohnung« zu wirken und eine Wiederholung der Aktion in Betracht zu ziehen. Der Vorschlag, als Lehrer die gesamte Klasse von Kindern bzw. Jugendlichen dazu zu bringen, in keiner Weise auf Störungen zu reagieren, ist theoretisch gut gemeint, verrät aber eine profunde Unkenntnis der Schulwirklichkeit.

Wenn das Verfahren der Löschung wirklich universell anwendbar wäre, warum wendet man es dann nicht bei Falschparkern und Rasern auf der Autobahn an, indem man ihr Verhalten einfach ignoriert? Nach der Theorie der Löschung müsste es dann ja von alleine verschwinden. Ich sagte ja schon im Vorwort: Glauben Sie nicht irgendwelchen Autoritäten, sondern vertrauen Sie Ihrem eigenen Verstand. Warum funktioniert die Löschung in diesen beiden Fällen der regelwidrigen Autofahrer – ebenso wie in vielen anderen Fällen – nicht? Ganz einfach deshalb, weil das (für die Gemeinschaft) unerwünschte Verhalten demjenigen, der den Verstoß begeht, einen Vorteil bringt bzw. Spaß macht. Und dieser persönliche »Gewinn« wird bei einer Nichtbeachtung durch die Ordnungsmacht natürlich nicht aufgehoben. Einen Schüler, dem es Spaß macht, mit seinem Nachbarn zu schwatzen, wird eine Lehrkraft also nicht durch Ignorieren davon abbringen, sondern nur, indem sie die Führung übernimmt und aktiv eine Gegenmaßnahme ergreift.

Die Löschung, d. h. die Nichtbeachtung von Störungen, ist auch immer dann nicht vertretbar, wenn es um extrem störendes oder sogar gefährliches Verhalten geht. Hier wäre es unverantwortlich, wiederholt nicht zu reagieren und dadurch den Unterrichtserfolg oder die Sicherheit der Mitschüler aufs Spiel zu setzen. Dies umso mehr, als die typische Reaktion eines störenden Schülers, der sich nicht genügend beachtet fühlt, darin besteht, sein Verhalten im nächsten Versuch zu verstärken, um so die gewünschte Reaktion hervorzurufen. Aus all diesen Gründen ist ein **aktives Verhalten** der Lehrkraft erforderlich, um den störenden Schüler zum angemessenen Verhalten und den Unterricht in geordnete Bahnen zu führen.

7.4 Die Spieltheorie als Erklärungsansatz

Der Begriff »Spieltheorie« sorgt leicht für Verwirrung, weil er sich so harmlos anhört – so, als gehe es darum, nett in der Sandkiste miteinander zu spielen. Diese Vorstellung ist falsch, denn bei der Spieltheorie wird mit harten Bandagen »gespielt«. Ihre Anwendung verhinderte einen wirklichen Krieg während des »Kalten Krieges« und war die Entscheidungsgrundlage für die friedliche Lösung der Kuba-Krise. Der Begriff des »Spiels« rührt daher, dass es wie bei einem Kartenspiel (z. B. Poker) mehrere Durchgänge gibt. Und wer durchschaut, dass sein Gegenspieler gerne blufft, kann dies zu seinem eigenen Vorteil nutzen. Will man die Spieltheorie auf einen Satz reduzieren, so geht es um die Frage:

 Wie kann ich sicherstellen, selbst ernst genommen zu werden, damit andere sich an meine Regeln halten?

Dieser Wunsch, ernst genommen zu werden, ist auch für Lehrkräfte so zentral, dass die Spieltheorie eigentlich zum Pflichtinhalt jeder Lehrerausbildung gehören müsste. Warum, das werden Sie gleich erkennen. Lassen Sie uns mit dem berühmten Beispiel der Hirschjagd (nach Jean-Jacques Rousseau) beginnen:

Zwei Jäger, die es einzeln immer nur geschafft haben, mickrige Hasen zu schießen, wollen zusammen einen kapitalen Hirsch erlegen, von dem beide mehr profitieren würden. Dafür verabreden sie, während der Jagd nicht auf Hasen zu schießen, weil das den Hirsch vertreiben würde. Stattdessen wollen sie sich an den Hirsch heranpirschen, ihn erlegen und dann teilen. Einzeln gehen sie los, um sich dem Hirsch von verschiedenen Seiten zu nähern, als einem der Jäger plötzlich ein großer Hase über den Weg läuft. In diesem Moment stellt sich ihm die Frage: Soll er seinen unerwarteten Vorteil nutzen und den Hasen erlegen?

Wenn er das tut, hat er zwar einen Hasen, verscheucht aber den Hirsch, und die Jagd ist für heute beendet. Für seine Entscheidung, ob er schießen wird oder nicht, kommt es darauf an, wie er seinen Mitjäger einschätzt. Der Jäger, der überlegt, entgegen der Vereinbarung den Hasen zu schießen, wird nur dann darauf verzichten, wenn er weiß: Der andere wird diesen Vertrauensbruch definitiv nicht ungestraft durchgehen lassen. Hält er ihn dagegen für gutmütig bis naiv, so wird er schießen, den Hasen einsacken und über eine geschickte Ausrede versuchen, seinen Mitjäger zu einer erneuten Pirsch auf den Hirsch zu bewegen.

Genau so denken die meisten Problemschüler, weil sie diese Taktik auch zu Hause erfolgreich anwenden. Sie verstoßen gegen eine Regel, weil das für sie momentan von Vorteil ist. Dann versuchen sie, die Eltern davon abzubringen, unangenehme Konsequenzen zu verhängen. Und das Schöne: In den meisten Fällen funktioniert es! Auch der Lehrer, der immer wieder ein Auge zudrückt, falls sich Schüler nicht an die Regeln halten, darf sich nicht wundern, wenn seine Ankündigung nicht ernst genommen und er nicht respektiert wird.

Welche Schlüsse sind also für die Schule aus der Spieltheorie zu ziehen? Natürlich bietet man als Lehrkraft zuerst die Kooperation an. Wird dieses Angebot aber ausgenutzt, sollte man sich das nicht bieten lassen, sondern reagieren.

 Führen heißt auch: Wenn nötig, unangenehme Konsequenzen ziehen.

Nach dem bewussten Verstoß gegen die vereinbarten Regeln ist Schluss, dann wird gehandelt. Das sollte man nicht nur unmissverständlich ankündigen, sondern auch durchführen. Wenn die Absprache zu einem Sachverhalt klar und deutlich war, gibt es keinen Grund für ein zweites, drittes, viertes oder fünftes Kooperationsangebot. Wer immer wieder nur ermahnt, aber keine Konsequenzen zieht, verliert zuerst seine Glaubwürdigkeit und dann seine Führung.

8. Führung in kritischen Situationen

8.1 Fehlverhalten als Frage

Es ist ein Missverständnis einiger Lehrer, Störungen durch Problemschüler so zu interpretieren, als hätten sie die *Absicht,* die Mitschüler abzulenken oder gar den Lehrer zu ärgern. Nicht einmal der renitenteste Schüler steht morgens auf und sagt sich: »Heute störe ich den Unterricht, um meine Mitschüler abzulenken und meinen Lehrer zu ärgern.« Trotzdem kommt es zu solchen Störungen, sie speisen sich aber aus anderen Quellen.

Zwei begünstigende Faktoren sind Leerlauf, der zu Langeweile führt, vor allem aber Unsicherheit über das voraussichtliche Lehrerverhalten. Langeweile führt bei Schülern dazu, sich eine andere Beschäftigung zu suchen, die ihnen mehr Spaß verspricht. Natürlich wissen die Schüler, dass ihr regelwidriges Verhalten vom Lehrer innerlich nicht gebilligt wird. Aber da die Reaktion des Lehrers darauf nicht eindeutig vorhersehbar ist, lohnt sich ein Versuch. Das Verhalten dient also nicht nur dem eigenen Vergnügen, sondern birgt zugleich auch folgende wichtige Fragen:

▸ Was ist in Ordnung, was ist nicht in Ordnung?
▸ Wer bestimmt das Geschehen?
▸ Wie weit kann ich gehen?
▸ Was passiert, wenn ich zu weit gehe?

Dies alles sind mehr als berechtigte Fragen, die jedoch nicht verbal, sondern über Handlungen nach außen getragen werden. Und diese Fragen werden durch die Reaktion des Lehrers immer beantwortet, allerdings in unterschiedlicher Weise.

 Grenzverletzende Verhaltensweisen von Schülern sind in Handlungen gekleidete Fragen.

Wer dies als Lehrkraft nicht erkennt, wird vielleicht wortreich seine Einstellung darlegen, nicht aber durch sein Verhalten die gewünschte klare Antwort liefern. Da der Schüler eine eindeutige Botschaft will, wird er sein regelwidriges Verhalten wiederholen und steigern, wodurch es zu einem Machtkampf kommt. Wird das (für den Schüler) unklare Verhaltensmuster der Lehrkraft nicht geändert, verfestigt es sich immer mehr und wird zur »normalen« Reaktion. Die Lehrkraft reibt sich zwar täglich auf, erkennt aber nicht den verhängnisvollen Teufelskreis, in dem sie sich befindet.

Der erste Schritt zur Lösung besteht folglich darin, überhaupt in Erwägung zu ziehen, sich vielleicht etwas Unwirksames angewöhnt zu haben. Wer den Verdacht hat, sein Führungsverhalten in kritischen Situationen könnte nicht optimal sein, sollte also weiterlesen. In den folgenden Abschnitten werden einige Verfahren gezeigt, die nicht wirken, danach aber solche, die effektiv sind.

8.2 Was nicht wirkt

Es gibt viele »heiße« Tipps, was man als Lehrer machen sollte, um eine Klasse problemlos zu führen. Leider entspringen viele dieser munter sprudelnden Quellen dem Lande der Theorie, wo sie zu funktionieren scheinen, weil es dort keine Schüler gibt, die diese Maßnahmen auf ihre tatsächliche Wirksamkeit überprüfen.

Manchmal funktionieren diese Tipps tatsächlich, aber nur in der ersten Woche des neuen Schuljahres. Das liegt daran, dass die erste Woche auch in der Praxis meistens problemlos ist, weil die Schüler erst sondieren wollen, mit wem sie es zu tun haben. Diese schöne Zeit ist aber definitiv vorbei, wenn die Lehrkraft laut sagen muss: »Los, jetzt reißt euch mal zusammen und passt auf!« Bevor gleich die häufigsten Stolperfallen konkret abgehandelt werden, sollte eines ganz klar sein:

 Gute Absichten allein genügen nie.

Keine noch so gut gemeinte Absicht wird das Gehirn der jugendlichen Schüler erreichen, geschweige denn dort eine Verhaltensänderung bewirken, solange ihr kein konkretes Handeln folgt.

Natürlich kann man die Erfahrung, was nicht wirkt, auch selbst machen. Aber es ist ein schmerzhafter Prozess, der sich vermeiden lässt, wenn man sich auf die jahrzehntelangen Erfahrungen von Praktikern stützt. Was nun wirkt nicht?

- ▶ Schreien
- ▶ Nachsitzen
- ▶ Lehrerfilme
- ▶ Beobachtung von guten Lehrern
- ▶ Seminare
- ▶ Unterrichtssimulationen
- ▶ allmähliches Verschärfen der Maßnahmen
- ▶ lange Abläufe

Schreien

Machen wir es kurz. Schreien kann Ihnen (maximal) bis zu drei Minuten Ruhe verschaffen. Diese Zeit kann man nutzen, um weitere Informationen ins Ohr der Schüler zu bringen oder an Regeln zu erinnern. Danach geht es aber wieder von vorne los. Das war's.

Nachsitzen

Schüler haben ein völlig anderes Zeitgefühl (siehe S. 45) als Erwachsene. Deshalb ist es ziemlich überflüssig, Schülern zu sagen: »Was vorgestern passiert ist, hat mir nicht gefallen.« Denn das ist bereits vergessen. Es ist deshalb auch wenig ergiebig, mit Nachsitzen zu drohen. Denn da Sie es heutzutage nicht mehr unmittelbar anordnen dürfen, sondern nur noch in Absprache mit den Eltern, ist es für Schüler zeitlich so weit weg, dass es für sie irrelevant ist. Ein etwaiges Nachsitzen in drei Tagen empfindet ein Schüler wie eines, das in drei Wochen stattfinden soll. Und wen interessiert schon, was in drei Wochen ist?

Lehrerfilme

Sie sind eine schlechte Möglichkeit, um zu lernen, wie man eine Klasse in der Realität führt. Denn die Handlung läuft immer nach folgendem Schema ab: Eine ganz normale, aber engagierte Lehrkraft kommt in eine Klasse mit problematischen Schülern. Nachdem sie zunächst eine Niederlage einstecken muss, findet sie dann einen Trick, wie die Schüler ihr aus der Hand fressen. Dabei wird der problematischste Schüler ihre stärkste Stütze, und am Ende des Jahres schneidet die gesamte Klasse überdurchschnittlich ab.

Hier eine Gegenüberstellung von Film und Wirklichkeit.

Film	Wirklichkeit
In einer Klasse sind etwa 20 Schüler.	In einer Klasse sind etwa 30 Schüler.
Die ersten Tage sind hart, dann wird es leichter.	Die ersten Tage sind hart, die anderen aber auch.
Man findet ein Wundermittel, und dann läuft es … für immer.	Man findet ein Wundermittel, und dann läuft es… für die nächsten zwei Stunden.
Man hält eine flammende Rede, danach ist die Klasse sprachlos und verändert.	Man hält eine flammende Rede, und die darauf einsetzende Ruhe ist kürzer als die Rede.
Man gibt den Schülern ein paar Bonbons und gewinnt sie dadurch.	Man gibt den Schülern ein paar Bonbons. Ergebnis: Sie werfen das Papier auf den Boden.
Man kämpft mit einer angepassten Schulleitung.	Man kämpft mit einer angepassten Schulleitung.
Man ist der einzige kompetente Lehrer der Schule.	Man fühlt sich wie der inkompetenteste Lehrer der Schule.

▶

Film	Wirklichkeit
Ein cleverer Junge trennt sich von seiner Gang und widmet sich der Schule.	Ein cleverer Junge verlässt die Schule und widmet sich seiner Gang.
Am Schuljahresende schreiben die Schüler eine Petition, damit sie auch im nächsten Jahr Unterricht bei Ihnen haben.	Am Schuljahresende verschwendet niemand auch nur einen Gedanken an Sie.

Ebenfalls in diese Kategorie gehörte die »Super-Nanny«, die von vielen Lehrern geschaut wurde, weil sie meinten, dort könnten sie etwas lernen. Das stimmt. Allerdings nur, falls Sie als Lehrer pädagogisch gar keine Ahnung haben. Abgesehen von der Einrichtung der Wohnungen war es schon interessant zu sehen, wie manche Kinder mit ihren Eltern umgingen und wie schwer es Eltern fiel, sich gegen die Kleinen durchzusetzen. Dabei sollte man es als professioneller Erzieher aber bewenden lassen.

Hospitation bei erfolgreichen Lehrern

Dieser Weg lässt die Führung einer Klasse oft leicht erscheinen – was sie natürlich nicht ist. Staunend sieht der Hospitant, wie der Lehrer nur durch ein dahingemurmeltes »Ich muss mich jetzt konzentrieren« selbst die wildesten Schüler zur Ruhe bringt. Kein Wunder, denn der Beobachter sieht zunächst nur die Resultate, nicht aber die Fehlschläge der Anfangszeit. Vor allem aber sieht er nicht, welches Lehrerverhalten diese Resultate ermöglicht. Um das zu begreifen, muss er sehr genau hinschauen.

Man könnte auch Dirk Nowitzky fragen, wie er es schafft, von der Mittellinie den Korb zu treffen. Vermutlich würde er sagen: »Einfach entspannt bleiben.« Auch wenn der Zuschauer durch eine lockere Haltung nicht automatisch zum begnadeten Basketballer wird, kann er dennoch etwas lernen, wenn er Nowitzky beim Spiel zuschaut. Aber das verlangt hohe analytische Fähigkeiten, denn oft kommt es auf Kleinigkeiten an – im Klassenzimmer wie auf dem Spielfeld. Hospitationen können also Lehrern also wertvolle Hinweise geben, wie sie ihren Unterricht verbessern können, aber ein Wundermittel sind sie nicht.

Seminare über das Führen in der Schule

Nur in den seltensten Fällen werden diese Seminare von »richtigen« Lehrern durchgeführt, die noch fest mit beiden Beinen in der Schule stehen. Im besten Fall sind es Seminarleiter, die sich (bis auf wenige Stunden) aus dem anstrengenden Tagesgeschäft der Schule verabschiedet haben und sich der Ausbildung der angehenden Lehrer widmen. Im schlimmsten Fall sind es Pädagogen oder Psychologen, die zwar ihren Fachbereich beherrschen, die aber noch nie für längere Zeit mit voller Stundenzahl vor einer Klasse mit mehreren Kevins gestanden haben.

Laut glaubwürdiger Aussage etlicher Teilnehmer erfährt man in solchen Seminaren nach langen theoretischen Erörterungen etwas über die Vor- und Nachteile von Tafel, Tageslichtprojektor oder Beamer. Gern wird diskutiert: Sollte man der Klasse ein Haustier schenken, damit sie Verantwortung lernt? Bei zwei Tieren unterschiedlichen Geschlechts könnte man zugleich Sexualkunde integrieren, beim Tod eines der Tiere über die Bedeutung von Leben und Tod diskutieren. Oder: Ist es besser, Kopien zu heften als zu klammern? Immer aber scheint folgendes Gesetz zu gelten: Die Menge an verteiltem Papier ist indirekt proportional zur Substanz des Seminars.

Unterrichtssimulationen

Sie finden in einigen Lehrerseminaren statt, wenn Referendare sich gegenseitig unterrichten, oder in Fortbildungsseminaren, wenn die zuhörenden Lehrer die Schüler darstellen und der Referent die Lehrkraft. Falls Sie so etwas schon einmal mitgemacht haben, wissen Sie genau, woran das Ganze krankt: Es funktioniert nur, solange die fiktiven Schüler das Spiel mitspielen. Sie dürfen bzw. sollen anfangs sogar ein ganz klein wenig stören, müssen aber aufhören, sobald der fiktive Lehrer nur seine Hand hebt. Da die Rollen irgendwann gewechselt werden und auch die Teilnehmer dann einmal den Lehrer spielen sollen, halten sie sich zurück, um nicht später selbst zu scheitern. Aber alle Teilnehmer wissen genau: Würden sie sich wirklich so geschickt wie echte Schüler verhalten, bräche das schöne Kartenhaus zusammen.

Es ist ganz einfach: Nur weil Referendare oder Lehrer sich zeitweilig ein wenig wie Schüler verhalten, heißt das nicht, die empfohlene Methode würde bei richtigen Schülern funktionieren. Schlimmer noch: Man kann vermuten, dass sie nicht funktioniert, weil die Denkweise der Schüler den meisten Durchführenden nicht klar ist. Sie appellieren an den Verstand und die Einsicht, etwas lernen zu wollen, und verkennen den alles überragenden Wunsch der Schüler, ihre sozialen Beziehungen zu pflegen.

Sich allmählich steigernde Maßnahmen

Oft wird in der Lehrerausbildung vermittelt, man solle im Bedarfsfall Maßnahmen ergreifen, die man dann allmählich immer weiter verschärft. Zum Beispiel so:
1. erste Warnung
2. zweite Warnung, Name wird an die Tafel geschrieben
3. einen Text abschreiben lassen
4. Drohung, die Eltern anzurufen
5. Nachsitzen
6. Anruf bei den Eltern

Dieses Vorgehen wirkt nur unter bestimmten Umständen. Zum einen, wenn die Klasse bereits unter Kontrolle ist und es sich bei denen, die gegen die Regeln verstoßen, um angepasste Schüler handelt. Zum Zweiten wirkt es, wenn die Liste deutlich verkürzt wird (siehe auch Seite 77). Ist das nicht der Fall, wird es auf eine Kraftprobe hinauslaufen, wer den längeren Atem hat und wer mehr ertragen kann.

Bezüglich des längeren Atems muss man leider feststellen: Nicht die Lehrer haben ihn, sondern die Schüler. Die Begründung dafür ist recht einfach. Der Schüler braucht sich nur weiter so zu verhalten, wie es ihm gefällt. Das ist nicht sonderlich schwierig, weil ihn das angenehme Verhalten immer wieder »belohnt«. Für den Lehrer stellt sich die Situation schon ganz anders dar. Jeder Eingriff, jede Ermahnung ist für ihn eine enorme Belastung, auf die er lieber jetzt als später verzichten würde. Unter solchen Bedingungen den erforderlichen längeren Atem zu haben verlangt fast übermenschliche Anstrengungen und ist folglich extrem schwierig.

Nun in die Details: Bei einfachen verbalen Warnungen ist es in einer unruhigen Klasse kaum möglich, den Überblick zu behalten und zu unterscheiden, wer schon eine solche Warnung bekommen hat und wer nicht.

Der zweite Schritt, den Namen des Ermahnten an die Tafel zu schreiben, ist besser, weil man auf diese Weise Buch führt und der Schüler ständig vor Augen hat, dass er schriftlich festgehalten wurde. Wirksam ist diese Methode, solange es nicht mehr als etwa fünf Schüler sind. Ab zehn Namen wird es für einige Schüler eine Herausforderung, auch an der Tafel zu stehen – vor allem dann, wenn keine weiteren Konsequenzen folgen. Im schlimmsten Fall ist die Tafel voller Namen, und dem Lehrer bleibt für seine Notizen noch freier Platz von der Größe eines DIN-A4-Blattes.

Einen nachdenklichen Text abschreiben zu lassen, der die Störung thematisiert, kann wirksam sein, weil Schüler ungern schreiben. Um seine abschreckende Wirkung zu entfalten, muss er jedoch lang genug sein. Zudem sollte der Text dem Schüler vorher gezeigt werden, damit er sieht und glaubt, was auf ihn zukommt. Einige Beispiele finden Sie zum kostenlosen Download unter www.beltz.de.

Die Drohung, die Eltern anzurufen, wirkt nur bei den Schülern, deren Eltern die Schule in ihrer Arbeit unterstützen. Das aber sind in der Regel die Eltern der pflegeleichten Schüler. Die Problemschüler wissen ganz genau, dass ihre Eltern sich nur wenig oder gar nicht um das scheren, was die Schule macht. Bei ihnen gilt der Grundsatz: »Solange du nicht sitzenbleibst, ist mir egal, was du machst.« Das ist einfach, klar und präzise vorgetragen, deshalb begreift es jeder Problemschüler.

Schülern zu drohen, die Eltern anzurufen, ist noch aus einem anderen Grund wenig effektiv. Das gibt den Schülern nämlich die Möglichkeit, ihre Eltern *vor* Ihnen gezielt so zu informieren, dass Ihr Anruf weitgehend wirkungslos bleibt. Auch können Sie nicht sicher sein, die Eltern ans Telefon zu bekommen. Besser ist deshalb ein überraschender Anruf bei Kevins Eltern. Als Folge wird Kevin mit Sicherheit am nächsten Tag in der Schule erzählen, wie Sie bei seinen Eltern angerufen haben. Dadurch macht er kostenlose Werbung für Sie und verdeutlicht allen: Sie versuchen nicht, durch viele Worte zu beeindrucken, sondern führen durch Taten.

Der (ungünstige) lange Ablauf

Der junge Kollege ist kurz vorm Verzweifeln, als wir ihn treffen. Er erklärt uns, ursprünglich sei er Lehrer geworden, weil er Kinder mag. Dies aber habe sich geändert, weshalb die Schule ihm überhaupt keinen Spaß mehr mache. Schlimmer noch: Es gebe manche Klassen, in die er am liebsten nicht mehr gehen würde, weil er nach der Stunde wie gerädert sei. Ständig gebe es disziplinarische Probleme, jede Stunde müsse er sich von Neuem durchsetzen.

Der Kollege erkennt leider nicht, dass im Grunde nicht die Schüler die Ursache der ständigen Störungen sind. Er erkennt auch nicht, wie er in einem immer wieder gleich ablaufenden Teufelskreis gefangen ist. Schaut man sich Störungen seines Unterrichts und seine entsprechenden Reaktionen an, sieht dies etwa so aus:

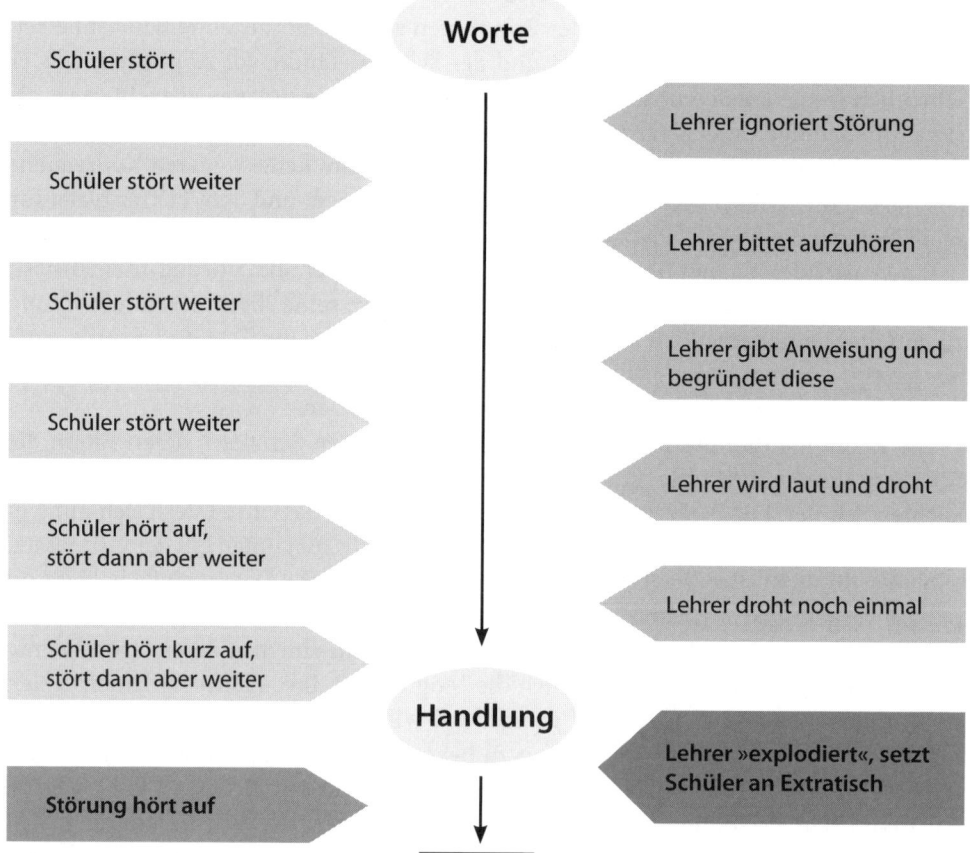

Abb. 6: Flussdiagramm disziplinarischer Ablauf, lang

Konfrontiert mit diesem Schema, muss der Kollege zugeben, dass ihm der Ablauf vertraut vorkommt. Das ist kein Wunder, denn dieses Verhalten, um Störungen in den Griff zu bekommen, ist typisch für ihn und andere Kollegen. Nicht selten ist es dabei das Ende der Unterrichtsstunde, das den Ablauf verkürzt und die Situation zwar nicht löst, aber vorläufig beendet.

Solche häppchenweisen Disziplinierungsversuche sind die beste Möglichkeit, um schon ein paar Jahre nach dem Antritt des Schuldiensts kurz vor dem Burn-out zu stehen. Schließlich hat man als Lehrer ja nicht nur eine Klasse, sondern mehrere. Und wer zu diesem langen Ablauf neigt, der wird ihn in allen Klassen anwenden. Besonders belastend ist dabei das Argumentieren über das vom Lehrer gewünschte Schülerverhalten. Denn einige Schüler führen ihre Widerrede so geschickt, dass sie den Lehrer verbal in die Enge treiben. Je länger diese Phase dauert, desto größer wird nicht nur der Widerstand des Schülers, sondern desto belastender wird auch die Situation für den Lehrer.

Es ist wie mit einem Auto, das an einem leichten Abhang geparkt ist und bei dem der Fahrer vergessen hat, die Handbremse anzuziehen. Natürlich könnte man dabeistehen und zusehen, wie der Wagen langsam anrollt, dann aber allmählich Fahrt aufnimmt. Vielleicht hört er ja von alleine auf, bergab zu rollen – aber die Wahrscheinlichkeit dieser Variante ist gering. Weil dies so ist, wird jeder vernünftige Mensch den Wagen gleich zu Beginn stoppen, solange er noch langsam rollt und das Anhalten am einfachsten ist.

Warum aber fällt es vielen Lehrern so schwer, die Notwendigkeit des sofortigen Eingreifens von einem rollenden Auto auf Unterrichtsstörungen zu übertragen? Bitte etwas Geduld, die Antwort folgt etwas weiter unten.

Auf die Frage, von welchem Moment an der Kollege sich unbehaglich fühlt, gibt er an, dies sei eigentlich schon von Anfang an der Fall. Denn spätestens nach der ersten erfolglosen Aufforderung, das störende Verhalten zu unterlassen, ahnt er: Der Schüler wird vermutlich nicht gehorchen. Dieses Unbehagen versucht er zu unterdrücken bzw. nicht zu zeigen, weil er es für unpädagogisch hält. Stattdessen fühlt er sich quasi verpflichtet, diese vielen Schritte vorher zu unternehmen, wieder und immer wieder den Schülern die Kooperation anzudienen – und sei es auch um den Preis der eigenen Unzufriedenheit. Sein Unbehagen steigert sich immer mehr, bis es sich schließlich in einem Wutausbruch entlädt und er den störenden Schüler an einen Extratisch setzt.

Damit wir uns nicht missverstehen: Es ist nicht der Wutausbruch, der das störende Schülerverhalten beendet, sondern der damit verbundene »Methodenwechsel«. In der ersten langen Phase versucht der Kollege, das Verhalten durch *Worte* zu stoppen, ein untauglicher Versuch für einen hartnäckigen Schüler wie Kevin. Selbst Erklärungen und Begründungen der Anweisung verpuffen. Auch die bloße Androhung einer Maßnahme, verbunden mit zweiten oder dritten »letzten Warnungen«, bleibt ohne Erfolg. Erst als eine *Handlung* vorgenommen wird, hört die Störung auf. Schaut man sich das Verhältnis von Handlung zu wortreichen Ermahnungen an, so stellt man fest, dass diese den Großteil des Ablaufs ausmachen, ohne allerdings zu wirken. Der Bereich der Handlung hingegen nimmt nur einen kleinen Teil ein, aber er wirkt.

Fragt man den Kollegen, welcher Teil des Ablaufs ihn nervlich aufreibt, die Ermahnungen oder die Handlung, so kommt auch hier die Antwort ohne Zögern: Es ist der wortreiche Teil, das ständige Hin und Her. Das Durchsetzen seiner Maßnahme hingegen ist für ihn in der Nachschau gar nicht so belastend. Auf die (rhetorische) Frage, welcher Schritt denn seiner Meinung nach die Störung letztlich beendet hat, kommt nur ein Lächeln. Diese Erkenntnis ist der Ausgangspunkt für ein effektiveres Ver-fahren.

8.3 Was wirkt

Es wäre schlimm, wenn in einem Buch nur wortreich analysiert würde, warum bestimmte Führungsmaßnahmen von Lehrkräften in der Praxis nicht wirken. Denn natürlich wollen Sie auch Maßnahmen kennenlernen, die nachweislich wirken, und zwar gerade in kritischen Situationen. Die gibt es. Es sind dies vor allem:

- ▶ kurze Abläufe
- ▶ Entschlossenheit
- ▶ lesen und schreiben lassen
- ▶ persönliche Konfrontationen vermeiden
- ▶ Störer demotivieren

Kurze Abläufe

Hat man das Fehlverhalten von Schülern als indirekte Frage an den Lehrer durchschaut, so ist es wichtig, diese Frage so schnell und so eindeutig wie möglich zu beantworten. Wer einem Schüler wie Kevin nur *sagt,* er solle mit seinem regelwidrigen Verhalten aufhören, wird in ihm die Frage auslösen: »Und was, wenn nicht?« Leider wird erst am Ende des vorigen Ablaufdiagramms diese Frage endlich so beantwortet, dass es danach keinen Bedarf an weiteren Informationen gibt, weil jetzt klar wird, wer die Situation kontrolliert.

Das Entscheidende ist darum, die vielen verbalen Bitten und Ermahnungen drastisch zu reduzieren und so die erste Ermahnung und die darauf folgende Handlung näher zusammenzubringen. Alle Informationen, die kritische Schüler für ihre Entscheidung brauchen, werden ihnen gleich am Anfang gegeben – und danach wird gehandelt. Keine Wiederholungen, keine erneuten Ermahnungen, keine Belehrungen, kein Argumentieren, keine zweiten, dritten oder vierten »letzten Warnungen«. Eigentlich ist es ganz einfach:

 Bei disziplinarischen Abläufen sind drei Schritte bereits einer zu viel! Zwei Schritte sind optimal.

Ich weiß, die Drei ist eine magische Zahl: Aller guten Dinge sind drei, dreimal ist Bremer Recht und was es sonst nicht noch alles gibt. Aber unter lernpsychologischen Aspekten ist der dritte Schritt bereits einer zu viel auf dem falschen Weg. Ein disziplinierender Eingriff mit nur zwei Schritten ist nicht nur kürzer, sondern auch klarer und damit für Problemschüler besser verständlich.

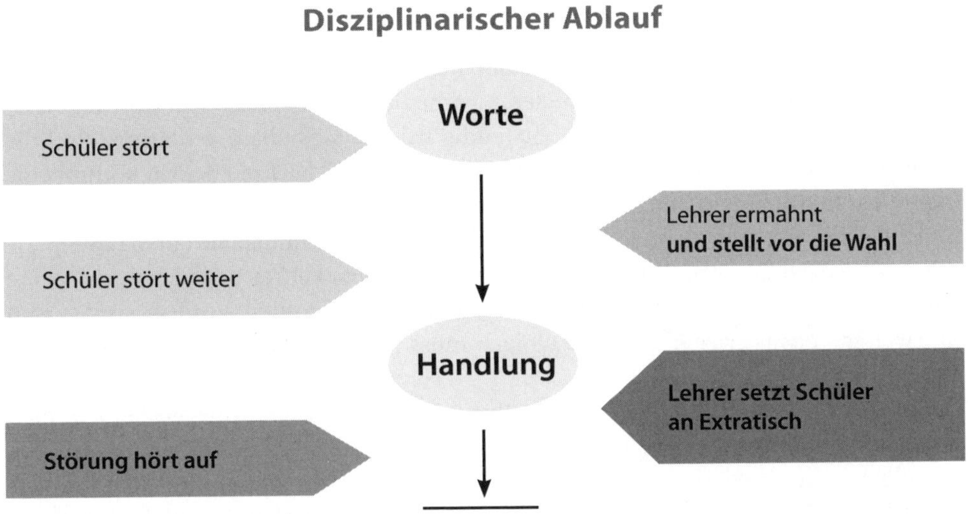

Disziplinarischer Ablauf

Abb. 7: Flussdiagramm disziplinarischer Ablauf, kurz

Das ist nicht nur viel übersichtlicher, sondern für den Lehrer auch deutlich weniger belastend. Zudem geht weniger wertvolle Unterrichtszeit dabei verloren. Wenn Sie sich dieses Ablaufschema genauer anschauen, werden Sie neben der Kürze ebenfalls zwei andere wichtige Veränderungen bemerken:

▶ **Der Schüler hat die Wahl:** Der Lehrer ermahnt nicht nur, sondern stellt den Schüler vor die Wahl. Er sagt genau, was passieren wird, falls der Schüler sein störendes Verhalten nicht abstellt. Eine geeignete Maßnahme hierfür ist z. B. die Isolierung des störenden Schülers, indem man ihn an einen Extratisch (hinten) in den Raum setzt. Die Äußerung des Kollegen könnte also wie folgt aussehen: »Kevin, du kannst das Schwatzen mit Marvin einstellen oder an einem Extratisch sitzen. Deine Entscheidung?« Der Schüler hat jetzt die Wahl zwischen einem großen Übel (allein zu sitzen) und einem kleinen Übel (auf Störung zu verzichten). Wem eine solche klare Wahl angeboten wird, dem fällt die Entscheidung leicht.

▶ **keine Emotionen:** Der zweite Unterschied besteht darin, dass die Platzierung an einem Extratisch ohne Gefühlsausbrüche stattfindet. Es gibt keinen Wutanfall, keine Schreie, keine Enttäuschung darüber, dass der Schüler der Ermahnung nicht gefolgt ist, sondern nur ein Umsetzen des Schülers als praktische Konsequenz dessen, was vorher bereits angekündigt war.

Warum gibt es in dem verkürzten Szenario keine zweite oder dritte Ermahnung, wie sie in vielen Schulen der Regelfall ist? Lassen Sie mich ausnahmsweise mit einer Gegenfrage antworten: Warum sollte es denn eine nochmalige Ermahnung geben? Wenn wir von Schülern ausgehen, deren Gehör funktioniert, die der deutschen Sprache mächtig und nicht debil sind, dann wird bereits durch die erste Ermahnung völlig klar, was der Lehrer will. Eine Aufforderung wie »Hör auf, mit dem Stuhl zu kippeln!« ist unmissverständlich und bedarf keiner Wiederholung. Warum hat denn eine Verkehrsampel nur *ein* gelbes Licht und nicht (verkehrstechnisch viel einfühlsamer) sieben abgestufte Gelbtöne, die sich immer mehr dem Rot annähern? Warum hat der Schiedsrichter denn nicht sieben abgestufte Gelbe Karten, deren Farbe sich immer mehr dem Rot annähert? Ganz einfach deshalb, weil es nicht notwendig ist! Die Gelbphase der Ampel und die Gelbe Karte des Schiedsrichters zeigen jedem deutlich: Als nächster Schritt kommt eine andere Farbe mit einer ganz anderen Bedeutung. Das funktioniert auch in Ihrem Unterricht! Hinweise zum Gebrauch der Schiedsrichterkarten finden Sie auf S. 128.

Eine Wiederholung macht nur dann Sinn, wenn der Lehrer davon ausgeht, seine erste Ermahnung sei von den Schülern nicht ernst genommen worden, sodass nun eine weitere (etwas ernster gemeinte) folgen muss. Und das geht so lange weiter, bis es wirklich ernst wird.

Bei dieser schülerfreundlichen Einstellung übersehen viele Kollegen jedoch, dass eine Wiederholung nicht nur überflüssig ist, sondern sogar schädlich sein kann: Jede disziplinarische Wiederholung reduziert die Bedeutung des vorher Gesagten und damit indirekt die Glaubwürdigkeit des Lehrers. Denn die Botschaft jeder Wiederholung ist: »Das vorher Gesagte war noch nicht so wichtig.« Man kann sich leicht vorstellen, was im Kopf eines Schülers wie Kevin entsteht, wenn eine Ermahnung nicht nur einmal, sondern mehrfach wiederholt wird. Allmählich verkümmert die erste Ermahnung zur Bedeutungslosigkeit, und das irgendwann doch noch eintretende Handeln kommt für den Schüler völlig überraschend. Fragt man jedoch Kollegen, ab welchem Zeitpunkt sie das Verhalten des Schülers für unakzeptabel halten, so kommt ohne zu zögern: »Vom ersten Moment an. Es ist niemals akzeptabel, den Unterricht zu stören.« Wer diese Ansicht teilt, der sollte allerdings auch unverzüglich handeln.

Fazit: Bereits *eine* klare Ermahnung genügt, danach wird gehandelt. Das wird Schüler anfangs überraschen, weil sie aus Elternhaus und Kindergarten etwas anderes gewohnt sind. Aber sie werden sich schnell daran gewöhnen, weil dieses Vorgehen berechenbar ist und ihnen damit Sicherheit vermittelt.

Es ist wirklich einfach – zumindest in der Theorie. Leider kommt jetzt der bittere Wermutstropfen: Dieses Vorgehen funktioniert auch in der Praxis, allerdings muss man es üben, man muss sich dieses Schema erarbeiten, indem man es tatsächlich mehrfach anwendet. Dafür ist es notwendig, sich *vorher* zu überlegen, welche Maßnahme man Kevin und seinen Freunden als unangenehme Alternative zur Wahl anbietet. Darauf zu vertrauen, in dieser emotional aufgeladenen Situation würde einem spontan etwas Sinnvolles einfallen, ist recht naiv. Es funktioniert nicht, weil man in Stress-Situationen nämlich wieder auf die Verhaltensweisen zurückgreift, die einem aus der Vergangenheit geläufig sind. Und das ist leider die unwirksame Häppchen-Disziplin mit ihren vielen Zwischenschritten.

Entschlossenheit

Wie schon vorne angeführt, sind Schüler ausgesprochen geschickt darin, die jeweilige Willensstärke zu erkennen, die hinter den Worten oder Taten eines Lehrers steht. Um die für eine überzeugende Führung notwendige Entschlossenheit zu demonstrieren, ist es hilfreich, nicht zu viel zu reden. Wer fast die Hälfte der Stunde darüber redet, was man tun oder lassen könnte, demonstriert vielleicht seinen elaborierten Code, nicht aber seine Entschlossenheit. Schüler wollen Taten sehen, und sie wollen klare Entscheidungen, an denen sie sich orientieren können.

Pointiert ausgedrückt bedeutet das: Jeder Lehrkraft wird nur eine bestimmte Anzahl an Wörtern zugestanden, die sie sagen darf, bevor die Klasse sich innerlich von ihr entfernt. Einige Kollegen erreichen diese magische Grenze schon nach der ersten Woche und wundern sich darüber, zur Klasse keinen echten Kontakt zu bekommen. Um diesen doch noch herzustellen, reden sie noch mehr und setzen einen Teufelskreis in Gang. Dabei ist für die Schüler ganz klar:

 Entschlossene Lehrer diskutieren nicht,
sondern entscheiden und handeln.

Wer Schutzumschläge für die Arbeitshefte seiner Klasse haben möchte, sollte es deshalb nicht wie dieser Kollege machen:

Lehrer: Ich möchte, dass ihr Umschläge für eure Arbeitshefte anschafft.
Schüler: Welche Farbe?
Lehrer: Was ist mit Blau?
Schüler: Ich hab noch einen zu Hause, aber der ist rot.
Lehrer: Na gut, dann eben Rot.
Schüler 2: Ich hab auch noch einen, aber der ist gelb. Geht das auch?

Spätestens an dieser Stelle merken Sie, wie das Ganze außer Kontrolle gerät. Entweder lässt der Kollege unterschiedliche Farben zu (nicht optimal), oder er setzt jetzt *seine* Vorstellung durch (gut), wird aber Unmut ernten (nicht gut), weil er den Schülern zuerst den Eindruck vermittelt hat, *sie* könnten die Farbe bestimmen. Das offene Vorgehen in einer solchen Angelegenheit ist also ungünstig. Zudem würde die Erörterung, welche Farbe die Heftumschläge haben sollen, mindestens zehn Minuten wertvolle Unterrichtszeit in Anspruch nehmen. Eine solche Diskussion bietet sich nur dann an, wenn Sie nicht wissen, was Sie inhaltlich in der Stunde machen sollen.

Die bessere Lösung ist deshalb ganz einfach: **Sie sind die Führungskraft,** darum legen *Sie* die Farbe fest, die für *Sie* am günstigsten ist. Schluss. Aus. Micky Maus.

Neben der Bitte um Sachinformation (welche Umschlagfarbe?) sind die von den Schülern geäußerten Fragen hervorragende Testballons, um zu sehen, wie entschlussfreudig jemand ist. Eine Lehrkraft mit Führungsqualitäten gibt auf jede Frage eine klare Antwort – oder weist die Frage zurück. Wenn solche Schülerfragen beantwortet werden, sollte es schnell und ohne zu zögern erfolgen und so, als sei diese Antwort die einzig mögliche. Das kann man üben (siehe S. 31).

Unter uns: Ob die Entscheidung über die Farbe der Heftumschläge (Blau!) objektiv wirklich die beste Lösung ist, weiß kein Mensch. Folglich braucht man sich auch nicht viele Gedanken darüber zu machen.

Um Entschlossenheit zu demonstrieren, sollte man als Lehrer ausgedehnte Argumentationen tunlichst vermeiden. Da aber eine einmal angefangene Diskussion nur schwer zu stoppen ist, sollte man überlegen, ob man sie nicht besser ganz vermeidet. Auf gar keinen Fall sollten Lehrer mit störenden Schülern über deren Verhalten **vor der gesamten Klasse** diskutieren. Ein solches Argumentieren ist für die Mitschüler ein spannender Wettkampf, wer die Auseinandersetzung gewinnen wird. Und dieser Kampf wird noch interessanter, sobald man den störenden Mitschüler unterstützt, selbst wenn man seine Meinung nicht teilt.

Natürlich sollten Lehrer mit dem störenden Schüler argumentieren, aber nicht während des Unterrichts. Setzen Sie einen Termin nach dem Ende des Unterrichts fest, zu dem Sie sich mit ihm – und nur mit ihm – unterhalten.

Nach der Frage, wie restriktiv-bestimmend man als Lehrkraft sein sollte, geht es nun darum, *wie* man Nein sagt, um sich *und* dem Schüler die Angelegenheit möglichst leicht zu machen. Am schwierigsten ist es für Schüler, wenn ein zaghaftes Nein geäußert wird, bei dem sie den dahinterstehenden schwachen Willen heraushören.

Unter uns: Bereits vom ersten Schultag an lernen Schüler das Wichtigste, was es für sie gibt: Sie lernen, blitzschnell einzuschätzen, wie stark der Wille hinter der Äußerung einer Lehrkraft ist. Deshalb sind sie wahre Meister in diesem nicht offiziellen Unterrichtsfach. Ein schwaches Nein oder ein Nein mit einem schlechten Gewissen wird von ihnen sofort durchschaut. Körperhaltung, Stimme und nicht zuletzt die Wortwahl signalisieren ihnen potenzielle Verhandlungsbereitschaft.

Wie also sollte ein geschicktes Nein klingen? Aus ihm muss deutlich werden: »Die Frage überrascht mich nicht, weil ich sie schon zigmal gehört habe.« Wer bei seiner Antwort länger als drei Sekunden zögert, könnte ein Problem bekommen, weil er fehlende Entschlossenheit signalisiert. Zudem muss das Nein so klingen, als hätten Sie das Für und Wider sorgfältig abgewogen, bevor Sie zu Ihrer Entscheidung gekommen sind.

Zwei weitere Möglichkeiten gibt es, um als Lehrkraft ein Nein leichter durchzusetzen: die **Gegenfrage** und das »**Natürlich nicht**«.

Aber schauen wir uns zuerst die ungünstige Standardlösung an.

Schüler:	Kann ich das nicht auch anders machen?
Lehrer:	Nein.
Schüler:	Aber so kann ich …
Lehrer:	Na gut.

Und jetzt die bessere Variante mit einer Gegenfrage:

Schüler:	Kann ich das nicht auch anders machen?
Lehrer:	(erstaunt) Wieso denn das?
Schüler:	Na ja, ich weiß nicht. Aber dann kann ich …

Der Unterschied ist klein, entfaltet aber eine große Wirkung. Durch die Gegenfrage gerät der Schüler in Zugzwang. Er wird jetzt zu demjenigen, der sich rechtfertigen und eine überzeugende Begründung liefern muss. Das verschafft dem Lehrer wertvolle Zeit, um seine nächste Antwort zu überlegen.

Für die zweite Möglichkeit auch zuerst die Standardvariante:

Schüler:	Darf ich das auch ganz anders machen?
Lehrer:	Nein.

Jetzt die bessere Variante:

Schüler:	Darf ich das auch ganz anders machen?
Lehrer:	*Natürlich* nicht!

Durch ein »*Natürlich* nicht!« bekommt Ihr Nein mehr Nachdruck. Die Forderung des Schülers wird quasi schon im Ansatz gestoppt, indem sie als abwegig eingestuft wird. Damit wir uns nicht missverstehen: Es geht nicht darum, Schüler über bestimmte Formulierungen zu manipulieren, sondern Ihr (überlegtes) Nein soll für den Schüler leichter und schneller zu »verdauen« sein und so unnötige Auseinandersetzungen verhindern. Wenn Sie sich also zu einem Nein entschlossen haben, sollte es so überzeugt kommen, dass sich weitere Nachfragen erübrigen. Es muss nicht nur definitiv sein, sondern auch entsprechend klingen.

(Lesen und) schreiben lassen

In schwierigen Situationen geht es vor allem darum, die Klasse zur Ruhe zu bringen. Dafür gibt es keine besseren Mittel als das Lesen und Schreiben. Grundsätzlich kann man sagen, dass man nach der Übernahme einer neuen und/oder einer schwierigen Klasse mit den traditionellen Methoden »auf der sicheren Seite« ist. Gruppenarbeit ist eine feine Sache und eine wichtige Methode – zur rechten Zeit und mit einer eingespielten Klasse. Unter dem Aspekt einer deutlichen Führung stellt sie jedoch eine große Herausforderung dar.

Selbstverständlich sind ungewöhnliche Inhalte oder neue Methoden für Schüler interessanter als die Arbeit mit dem eingeführten Lehrbuch oder das Schreiben eines Textes. Aber sie können Schüler verunsichern und dadurch zu mehr Unruhe führen. Zudem sollte man den viel gepriesenen Reiz der Abwechslung nicht überschätzen: Es ist wie mit uns, wenn wir zum »Chinesen« gehen: Bestellen wir tatsächlich im Laufe unseres Lebens alle 300 Gerichte der Karte, um uns und unseren Gaumen ständig mit neuen Geschmackserlebnissen zu erfreuen? Oder haben wir unsere vier bis fünf Lieblingsgerichte, die wir immer wieder bestellen – ohne auch nur zu wissen, welche Köstlichkeiten sich vielleicht hinter den anderen 296 Kombinationen verbergen? Und das Schönste: Wir leiden nicht einmal darunter. Ich glaube, der Mensch als »Gewohnheitstier« hat eine heimliche Vorliebe für das Bewährte, also Schweinefleisch süßsauer.

Ebenso ist es in der Schule: Traditionelle Methoden geben den Schülern Sicherheit und beruhigen sie. Zugleich vermitteln sie ihnen, es mit einem »richtigen« Lehrer zu tun zu haben.

Warum nun sind Lesen und vor allem das Schreiben eine große Hilfe? Beide Tätigkeiten erfordern für heutige Schüler ein hohes Maß an Konzentration. Das ist auch der Grund, warum sie sich zunächst heftig gegen diese Tätigkeiten sträuben. Geht man jedoch auf den geäußerten Unmut nicht ein, fügen sie sich in ihr Schicksal, zumindest für die nächsten 20 Minuten. Und das ist ja auch schon etwas.

Damit beide Tätigkeiten beruhigend wirken, ist es notwendig, *längere Texte* zu lesen oder zu schreiben. Zwar sind das Lesen und Ausfüllen von Lücken auf vorgefertigten Arbeitsblättern beruhigender als ein Unterrichtsgespräch oder eine Diskussion, sie wirken aber nicht so stark wie das Lesen oder Schreiben eines längeren Textes. Insbesondere das Schreiben ist effektiv, weil es eine noch komplexere Hirntätigkeit erfordert. Dass Schüler wegen der damit verbundenen Anstrengung ausgesprochen ungern schreiben, ist verständlich. Dies sollte aber kein Grund sein, darauf zu verzichten.

Persönliche Konfrontationen vermeiden

Natürlich müssen Lehrer bei Regelverstößen von Schülern solche Verhaltensweisen untersagen und belastende Maßnahmen ergreifen. Das sollte jedoch nicht nur kurz, sondern auch »schmerzlos« geschehen. Für kritische Situationen in der Schule bedeutet das, mit dem disziplinarischen Eingriff keinen persönlichen Vorwurf zu verbinden. Je nachdem, ob man sich an diese zentrale Regel hält, bleibt ein Disziplinproblem klein oder wird zu einer großen, belastenden Sache.

Begreifen Sie sich wie ein Schiedsrichter in einem Fußballspiel. Er zeigt zuerst die Gelbe, dann die Rote Karte, die den Spieler vom Platz verweist. Die Souveränität des

Schiedsrichters zeigt sich darin, den Verstoß des Spielers nicht persönlich zu nehmen. Dieser hat seinen Gegenspieler ja nicht gefoult, um den Schiedsrichter zu ärgern. Aber er hat gegen die Regeln verstoßen und wird vom Platz verwiesen. No hard feelings.

Das Problem vieler (jüngerer) Kollegen besteht darin, Unterrichtsstörungen oder andere Verstöße als Affront gegen sich zu empfinden. Das sind sie definitiv nicht. Folglich sollte man sich das Leben nicht schwerer machen, als es schon ist. Kevin steht doch nicht morgens auf und sagt sich: »Heute ärgere ich mal meinen Lehrer.« Das denkt er nicht einmal kurz vor seinem Verstoß. Eigentlich denkt er gar nicht an den Lehrer, sondern nur an das, was ihm im Moment Spaß macht oder einen Vorteil bringt. Zugegeben, das ist recht egoistisch, aber schließlich ist er noch ein Kind bzw. ein Jugendlicher, der durch seine spontanen Wünsche gesteuert wird. Also:

 **Ergreifen Sie Maßnahmen wie ein Schiedsrichter,
d. h. ohne persönliche Vorwürfe.**

Die Gelbe und die Rote Karte haben nicht nur auf dem Spielfeld ihre Berechtigung, sondern sind auch für die Schule sehr gut geeignet: Ihre Bedeutung ist allgemein bekannt, sie geben klare optische Signale und rufen keine schulbezogenen Vorurteile hervor. Zudem sind gerade problematische Schüler oft sehr sportlich. Sie kennen und akzeptieren die Rolle des Schiedsrichters als jemand, dessen Entscheidung befolgt wird. Der Fußballstar, der nach einem Foul die Rote Karte gezeigt bekommt, wird sich vielleicht darüber aufregen, er wird aber der Anweisung folgen und den Platz verlassen. Das haben die Schüler hundertfach gesehen, gelernt und verinnerlicht. Warum also sollte die Schule nicht davon profitieren?

Der letzte Vorteil besteht in der **Selbstbindung des Lehrers,** die entsteht, sobald er buchstäblich die Gelbe Karte gezeigt hat. Nach einem weiteren Verstoß *muss* die Rote Karte kommen, das weiß jeder. Anders als bei verbalen Ermahnungen gibt es eben keine fünf Karten mit farblichen Zwischentönen, die sich langsam zum Rot bewegen. Dadurch wird der Ablauf deutlich verkürzt, was die Nerven aller Beteiligten schont.

Eine andere Möglichkeit, Konfrontationen zu vermeiden, besteht darin, Schüler vor vollendete Tatsachen zu stellen. Falls Sie zu Hause überlegt haben, einen häufig störenden Schüler separat zu setzen, sollten Sie seinen Tisch bereits *vor* der Stunde umstellen. Dadurch ist Ihre Entscheidung schon vollzogen, eine Diskussion darüber ist überflüssig. Zudem hat der Schüler keinen anderen Sitzplatz mehr und muss sich in die veränderte Situation fügen. Das fällt leicht, wenn Sie ihm zusagen, er könne in der nächsten Stunde wieder neben seinem Banknachbarn sitzen, falls er sich vorbildlich verhält.

Störer demotivieren

Damit wir uns nicht missverstehen: Natürlich sollen Schüler nicht bezüglich des Unterrichts demotiviert werden, nicht einmal die problematischen. Aber viele Kollegen motivieren Problemschüler, ohne es zu wollen, mit ihrem störenden Verhalten weiterzumachen. Das geschieht, indem sie sich ihre Aufmerksamkeit »stehlen« lassen. Denken Sie immer daran:

 Ihre Aufmerksamkeit ist für Schüler das begehrteste Gut.

Dies ist leider vielen Kollegen nicht klar, weil sie sich nicht vorstellen können, wie bereits ihre Aufmerksamkeit etwas sein kann, das Schüler motiviert. Einem Schüler, der stört, seine Aufmerksamkeit zukommen zu lassen, wird ihn aber motivieren, dieses Verhalten zu wiederholen. Schließlich war ja die Beachtung des Erwachsenen die Reaktion auf sein Fehlverhalten. Und es gibt etliche Schüler, die selbst negative Konsequenzen in Kauf nehmen, wenn sie dafür nur die Aufmerksamkeit der Lehrkraft bekommen. Um solche Schüler auf den richtigen Weg zu bringen, sollte man sie in Bezug auf das Fehlverhalten demotivieren. Das gelingt, indem man sie

- nicht als Erste beachtet,
- nur kurz und knapp auf sie eingeht und
- sie warten lässt.

Was sich hier auf dem Papier so einfach liest, ist in der Praxis ausgesprochen schwierig, weil gerade Problemschüler geschickt und erfindungsreich darin sind, die Aufmerksamkeit von Erwachsenen auf sich zu lenken. Das haben sie im Laufe ihrer meist ungünstigen Sozialisation intensiv gelernt. Damit ihre an ihnen eher uninteressierten Eltern sich überhaupt um sie kümmern, mussten sie einfallsreich sein. Je nach Situation mussten sie laut lachen oder weinen, schreien, eigenartige Geräusche machen, Dinge umwerfen, um sich schlagen oder sich auf den Boden werfen. Kurz: Sie kennen und beherrschen alle Tricks, um Aufmerksamkeit zu erhalten. Die durchschnittliche Lehrkraft ist ihnen dabei in der Regel unterlegen, weil sie nur das Verhalten sieht, nicht aber die dahinterstehende Strategie erkennt.

Zwar steht für den störenden Schüler die Aufmerksamkeit des Lehrers ganz oben, kurz danach folgt aber die Aufmerksamkeit der Mitschüler. Jedes Lachen, das er durch eine Störung erzielt, ist für ihn eine Motivation, in dieser Richtung weiterzumachen. Um dies zu verhindern, ist es notwendig, dafür zu sorgen, dass der Störende keine positiven Rückmeldungen mehr erhält. Die einfachste Möglichkeit besteht darin, ihn isoliert an einen Extratisch zu setzen. Manche Kollegen wählen dafür einen Tisch, der vorn im Klassenraum steht, weil der Schüler dann nahe am Lehrertisch sitzt und die Nähe des Lehrers eine beruhigende Wirkung entfaltet. Da ist etwas dran.

Sie selbst kennen, falls Sie typischer Autofahrer sind, die korrigierende **Wirkung durch Nähe.** Das klingt abstrakt, wird aber gleich konkret: Wie reagiert man denn als sportlicher Autofahrer, wenn man zu schnell fährt und dann vor sich einen Polizeiwagen entdeckt? Ganz richtig, man fährt langsamer, und zwar einfach nur durch die entstehende Nähe. Das regelwidrige Verhalten wird folglich zugunsten eines korrekten Verhaltens geändert, sobald sich jemand nähert, der unangenehme Konsequenzen verhängen könnte. Das geht sogar so weit, dass viele Autofahrer jetzt etwas langsamer fahren, als es eigentlich zugelassen ist. Man möchte einfach Schwierigkeiten bzw. Konfrontationen vermeiden und geht deshalb lieber »auf Nummer sicher«.

Dieser Effekt der Nähe wirkt auch bei Schülern, allerdings nur, falls sie die Erfahrung gemacht haben, dass die Lehrkraft auch belastende Maßnahmen verhängt. Wenn das der Fall ist, kann es bei schwatzenden Schülern schon genügen, sich dem entsprechenden Schülertisch zu nähern, um das Gespräch zu unterbinden.

Zurück zu der Frage, wo man störende Schüler am besten hinsetzt, um ihnen eine etwaige Motivation durch die Mitschüler zu nehmen. Platziert man ihn ganz vorne im Klassenraum, so ist der störende Schüler jetzt im Blickfeld aller anderen Schüler, was in ihm den Wunsch auslösen kann, weiter zu stören und sich in Szene zu setzen. Schließlich hat er jetzt die maximale Zahl von Zuschauern. Günstiger ist es deshalb, etwaige Extratische ganz hinten im Raum zu platzieren, am besten schon »auf Vorrat«. So wird die bei einem Umzug entstehende Unruhe auf ein Minimum begrenzt.

Häufig sehen sich Kollegen mit dem Problem konfrontiert, dass Schüler ihre Weisungen, z. B. sich umzusetzen, nicht ausführen, manchmal begleitet von einem demonstrativen »Nein!« oder »Mach ich nicht!«. Hierbei lässt sich etwas Eigenartiges bemerken: Viele Lehrer werten das geäußerte Nein eines Schülers, d. h. eines Kindes bzw. Jugendlichen, als feste Meinung, das eigene Nein (der erwachsenen Lehrkraft) wird hingegen eher als Vorschlag angesehen, der verhandelbar ist. Das ist eine verkehrte Welt, denn natürlich sollte es umgekehrt sein. Das Nein der erwachsenen Lehrkraft sollte eine feste, verlässliche Entscheidung sein. Das geäußerte Nein eines kindlichen oder jugendlichen Schülers braucht nicht in seinen Konsequenzen durchdacht sein. Es darf und wird in vielen Fällen nur eine allgemeine Unmutsäußerung sein.

Gibt die Lehrkraft eine Anweisung, die nicht befolgt wird, so liegt dies manchmal daran, dass der Schüler durch seinen Verstoß die Aufmerksamkeit des Lehrers erlangt hat und sie nun möglichst lange behalten möchte. Das demonstrativ geäußerte Nein des Schülers hat deshalb *eher symbolischen Charakter* und ist oft nur eine Mischung aus zwei Wünschen: zum einen dem Wunsch, die Aufmerksamkeit des Lehrers zu halten, zum anderen dem Wunsch, öffentlich eine gegenteilige Meinung abzugeben. Das Nein bedeutet damit nicht mehr als: »Mir gefällt das nicht.« Trotzdem werden die meisten Schüler die Anweisung befolgen, wenn man ihnen etwas Zeit gibt.

❶ Lassen Sie nach einer Anweisung die Zeit für sich arbeiten!

Der abweichende Schüler braucht für sich und andere die Bestätigung, eine eigenständige Person mit einer eigenen Meinung zu sein. Widerspricht man dem nicht, sondern dreht sich um und lässt die Anweisung wirken, so wird man feststellen, wie der Schüler nach einer symbolischen Frist (ein bis zwei Minuten) die Anordnung meist befolgt. Indem Sie den Schüler in seinen Gedanken »schmoren« lassen, arbeitet die Zeit für Sie. Wenn Sie sich umdrehen und mit dem Unterricht einfach weitermachen, entziehen Sie ihm Ihre Aufmerksamkeit und reduzieren zudem seine Möglichkeiten für eine Auseinandersetzung. Er wird demotiviert und begreift: Ihre freundliche Aufmerksamkeit erhält er erst wieder, sobald er Ihrer Anweisung folgt. Es funktioniert (fast) immer und ist deshalb einen Versuch wert.

9. Zusammenfassung

Viele Untersuchungen belegen, dass Kinder konkret lernen. Nicht das, was man ihnen erzählt, prägt sie am meisten, sondern das, was sie selbst erleben und selbst erfahren. Diese Tatsache sollte bei der Führung kritischer Schüler in schwierigen Situationen berücksichtigt werden. Zwar geben auch die Worte eines Lehrers dem Schüler Informationen, aber nur das Handeln liefert *konkrete* Informationen und hilft dem Schüler, die richtigen Entscheidungen zu treffen.

Falls Worte und Handlungen in unterschiedliche Richtungen gehen, entsteht zunächst Unsicherheit darüber, was wirklich gilt. Schüler sind ausgesprochen gut darin, herauszufinden, ob die gesprochenen Regeln sich mit dem decken, was der Lehrer praktiziert. Ist das nicht der Fall, lernen Schüler sehr schnell, dass wortreiche Ermahnungen recht lange ohne ernste Konsequenzen ignoriert werden können.

Das Missverständnis darüber, was das Gehirn der Schüler wirklich erreicht, ist der Grund dafür, dass viele Lehrkräfte mit ihrer Führung in kritischen Situationen scheitern – und nicht einmal den Grund dafür kennen. Für die »Unterstützer« unter den Schülern genügen Worte, die »Kritischen« jedoch brauchen harte Fakten, um überzeugt zu werden.

Das Fehlverhalten von Schülern ist eigentlich eine Frage an den Lehrer, die möglichst schnell, möglichst klar und immer konkret beantwortet werden sollte.

Jetzt die wichtigsten Merksätze aus den einzelnen Unterkapiteln:
▸ Schüler brauchen Führung, weil sie ihnen Sicherheit gibt.
▸ Die Weichen werden gleich am Anfang gestellt.
▸ Leerlauf begünstigt Störungen, Lesen und Schreiben verringern sie.
▸ Klarheit und Verlässlichkeit sind die wichtigsten Führungsqualitäten.
▸ Nur ein entschlossenes Nein ist ein richtiges Nein.
▸ Gewinnen Sie die »Wechselwähler« unter den Schülern.
▸ Zwei Warnungen sind bereits eine zu viel.
▸ Nicht über Worte, sondern über Taten lernen Schüler wichtige Regeln.

III. Führen von Eltern

1. Grundsätzliches

Die meisten Lehrer gehen voller Enthusiasmus in die Schule, aber schon nach wenigen Jahren sind etliche von ihnen mit den Nerven am Ende. Nicht nur der Umgang mit problematischen Schülern, sondern vor allem der Umgang mit schwierigen Eltern trifft sie völlig unvorbereitet.

Wie der Großteil der Kollegen oder der Schüler sind auch die meisten Eltern vernünftig. Aber die wenigen, die es nicht sind, können einem das Leben ganz schön schwer machen. Leider steigt die Zahl der Eltern, die bei ihren Kindern alles entschuldigen oder überzogene Forderungen an die Schule bzw. ihre Lehrer stellen. Zwar ist der Umgang mit schwierigen Eltern nicht die einzige Belastung des Lehrerberufs, aber in Umfragen unter Lehrern wird der Umgang mit schwierigen Eltern stets als eine der drei größten Belastungen genannt – mit einem entsprechend demoralisierenden Effekt.

Dabei muss es sich gar nicht um Eltern handeln, die das »Lehrerhasser-Buch« verinnerlicht haben. Es genügt bereits eine Mutter, die vehement bestreitet, dass Chantal bei ihrem Englischtest geschummelt hat. Oder Kevins Vater, der Sohnemann bei seinem Referat geholfen hat und sich nun bitter darüber beklagt, weil es nur mit einer Vier bewertet wurde. Oder Marvins Vater, der damit droht, sich an das Kultusministerium zu wenden, falls man seinem Sohn keine bessere Note gibt.

Der erste Ansatz zur Lösung des Problems ist gar nicht so schwierig: Lehrkräfte sollten akzeptieren, dass auch der Umgang mit solchen Eltern ein Teil ihres Berufs ist. Da diese Teilaufgabe in Studium und Referendariat vernachlässigt wird, muss man sich die notwendigen Kenntnisse eben später selbst aneignen. In der Praxis wird der Umgang mit schwierigen Eltern etwas leichter, wenn man sich klarmacht: Bei Eltern handelt es sich – bei allem guten Willen – in der Regel um pädagogische Laien der Erziehung in der Gruppe, die der indirekten Führung durch die Lehrkraft bedürfen.

Dies nicht zuletzt deshalb, weil es heute eine starke Verunsicherung über die richtige Erziehung von Kindern gibt. Früher fragten nur wenige Eltern danach, wie die Schule mit ihren Kindern umgeht. Sie glaubten, die Kinder seien selbst für den schulischen Erfolg verantwortlich, so wie sie als Eltern zur Arbeit gingen und dafür zuständig waren. Sie beschwerten sich nicht, wenn ihr Kind einen Arbeitsauftrag nicht mochte, und gingen nicht zum Schulleiter, wenn es einmal nachsitzen musste. Sie nahmen auch nicht an, ihre Kinder würden nie lügen. Sie waren klug genug, zu wissen, dass das, was ihre Kinder über die Schule erzählten, nur *eine* Version der Wahrheit darstellte. Ihr Grundsatz war: »Wenn du in der Schule Probleme hast, bekommst du zu Hause noch größere!«

In den Siebzigern fingen die Dinge an, sich zu ändern. Schüler, die man früher ohne Rücksicht auf ihre Gefühlslage als »faul« bezeichnete, sind jetzt, nach Definition ihrer Eltern, »gelangweilt«. Lesen ist langweilig, Mathe ist langweilig, Schreiben ist langweilig und Hausaufgaben sind extrem langweilig. Der Grund für dieses durchgängige Gelangweiltsein? Die Kinder sind, nach Einschätzung ihrer Eltern, viel intelligenter als früher, sodass ihnen die geistige Herausforderung fehlt. Nur deshalb verhalten sie sich regelwidrig.

Hier ein Gespräch aus früheren Zeiten:

Lehrer:	Peter hat heute in der Klasse unanständige Wörter gebraucht.
Eltern:	Das tut uns leid. Wir kümmern uns zu Hause darum.
Lehrer:	Ich möchte ihn deshalb morgen nachsitzen lassen.
Eltern:	Das ist eine gute Idee.

Heute hört sich das anders an:

Lehrer:	Kevin hat heute mehrmals unanständige Wörter in die Klasse gerufen.
Eltern:	Scheiße sagt doch jeder. Das ist halt der lockere Umgangston der Jugend.
Lehrer:	Ich möchte das aber nicht durchgehen lassen und ihn nachsitzen lassen.
Eltern:	Das kommt gar nicht infrage. Nicht wegen solchem Kleinkram.

Früher wäre es undenkbar gewesen, die Entscheidung der Lehrkraft auch nur infrage zu stellen. In den letzten Jahren sieht man jedoch eine Entwicklung, die darin besteht, dass Eltern die Entscheidungen der Schule immer weniger akzeptieren oder gar unterstützen. Sie stehen nicht mehr auf der Seite der Schule, auch nicht als Schiedsrichter zwischen Kind und Schule, sondern sind die parteiischen Freunde ihrer Kinder. Der Schule wird ihre Erziehungsarbeit dadurch erheblich erschwert.

Was bewegt heutige Eltern? Es ist die Vorstellung, ihren Kindern sollten möglichst alle Wünsche erfüllt werden, damit sie nicht unglücklich sind. An dieser Haltung sind die Schulen leider nicht ganz unschuldig. Lange Zeit schien auch hier ein großes Selbstbewusstsein wichtiger zu sein als sorgfältiges Arbeiten oder Kenntnisse in Mathematik oder Englisch. Wenn Kevin nicht richtig lesen oder schreiben konnte, war das nicht tragisch, solange er dabei nur zufrieden und selbstbewusst war. Die Eltern übernahmen die Idee des unantastbaren Selbstbewusstseins, wodurch auch ihr Nein selten und verhandelbar wurde. Manchmal wurde man sogar Zeuge von pädagogisch surrealen Situationen:

Mutter: Ich weiß, dass du böse auf mich bist. Aber wenn du mich so haust, tust du mir weh.

Wer Ohrenzeuge solcher oder ähnlicher Äußerungen war, versteht das Verhalten eines Schülers zwar besser, was aber den Umgang mit den Eltern nicht leichter macht. Eine weitere Schwierigkeit liegt in dem sehr unterschiedlichen Elternverhalten. Aber jeder, der bereits seit Jahren mit Eltern zu tun hat, wird feststellen, wie bestimmte Haltungen und Ansichten immer wieder auftauchen.

Im folgenden Abschnitt werden deshalb die häufigsten Einstellungen und Argumente fiktiven Eltern zugeordnet, die einem Lehrer das Leben schwer machen können. Dies gilt aber vor allem dann, wenn die Argumente überraschend kommen und man nicht weiß, wie man als Lehrer darauf reagieren soll. Das Durchspielen solcher Gesprächsabläufe mindert zum einen den Überraschungseffekt und erhöht zum anderen die Erfolgschancen, Eltern im Gespräch zum gemeinsamen Ziel zu führen: dem erfolgreichen Abschneiden ihres Kindes in der Schule.

Tipp: Falls Sie meinen, es sei eine gute Idee, Eltern Ihre häusliche Telefonnummer oder sogar die Nummer Ihres Handys zu geben – das ist es nicht, denn beides erleichtert telefonische »Überfälle«. Wenn Sie mir nicht glauben, fragen Sie Kollegen, die schon lange im Beruf sind. Einige von ihnen verfügen (mittels eines ISDN-Anschlusses) über mehrere Telefonnummern und Telefone, darunter auch ein dienstliches. Dieses lassen sie außerhalb der üblichen »Geschäftszeiten« einfach klingeln, ohne abzuheben.

Für das auf Tagesausflügen oder Klassenfahrten hilfreiche Handy besitzen einige Kollegen ein billiges Zweithandy (mit Prepaid-Karte), das nach den Ausflügen wieder deaktiviert wird und bis zum nächsten Einsatz in einer Schublade vor sich hindöst. Besser als die Angabe einer Telefonnummer ist eine schulische E-Mail-Adresse, denn E-Mails können Sie lesen – oder auch nicht. Und für Eltern ist es wesentlich anstrengender, eine Beschwerde zu schreiben, als ihre Vorwürfe voller Wut nur am Telefon zu äußern.

2. Typen von Eltern

2.1 Münchis Mutter

Obwohl Münchi ein direkter Nachfahre des »Lügenbarons« Freiherr zu Münchhausen ist und obwohl es genügend gegenteilige Aussagen gibt, beharrt Münchis Mutter darauf, ihr Kind würde nie lügen. Es ist schwierig zu sagen, ob sie dies wirklich glaubt oder nur davon ausgeht, andere seien naiv genug, dies zu glauben. Im Lehrer erweckt sie mit dieser Einstellung oft den Wunsch, lauthals zu lachen, was das Problem allerdings nicht lösen würde. Glücklicherweise gibt es professionellere Methoden.

Münchi ist sich sehr wohl bewusst, dass seine Mutter alles glaubt, was er sagt. Und er nutzt die Bereitschaft seiner Mutter, ihn zu verteidigen, geschickt aus. Er weiß genau: Der beste Weg bei schulischen Problemen besteht darin, seiner Mutter unverzüglich *seine* geschönte Version der Geschichte zu unterbreiten, bevor der Anruf des Lehrers kommt. In der Regel führt dieses Vorgehen dazu, dass Mutti voller Zorn den Lehrer anruft.

Mutti:	Als Münchi heute nach Hause gekommen ist, hat er erzählt, wie er von einem anderen Jungen auf dem Pausenhof geschlagen wurde, ohne dass Sie etwas dagegen unternommen haben!
Lehrer:	Das war etwas anders.
Mutti:	Münchi hat gesagt, der Junge hat ihn so geschlagen, dass er einen blauen Fleck hat.
Lehrer:	Wie ich schon sagte, es war etwas anders.
Mutti:	Wollen Sie meinen Sohn einen Lügner nennen?
Lehrer:	Ich nenne niemanden einen Lügner. Aber es war umgekehrt: Münchi wollte einem anderen Jungen mit Gewalt einen Tischtennisschläger wegnehmen, und dann gab es ein Gerangel, bei dem Münchi den Tischtennisschläger gegen die Stirn bekam.
Mutti:	Das hat mir Münchi aber ganz anders erzählt. Und ich weiß, dass mein Sohn nicht lügt.

Wir alle wissen, wie es weitergeht. Man dreht sich im Kreis, und Mutti wird sich, da sie ihr Kind für unfehlbar hält, auf das Verhalten des Lehrers konzentrieren. Um das Gespräch in eine effektivere Richtung zu führen, muss es darum gehen, das Verhalten des Kindes zu thematisieren. Fangen wir also das Gespräch noch einmal an:

Mutti:	Als Münchi heute nach Hause gekommen ist, hat er erzählt, wie er von einem anderen Jungen auf dem Pausenhof geschlagen wurde, ohne dass Sie etwas dagegen unternommen haben.
Lehrer:	Na ja, wir alle wissen ja, was für ein Lügner der kleine Münchi ist. Oder?

Nein, das war ein Scherz. Das möchte man als Lehrkraft natürlich spontan sagen, aber man sollte es sich verkneifen. Man kann es denken und dabei hoffen, dass es nicht wie bei einer Comicfigur in einer »Denkblase« über dem Kopf sichtbar wird. Um die Angelegenheit professionell zu lösen, bietet sich deshalb eine andere Möglichkeit an.

Mutti:	Als Münchi heute nach Hause gekommen ist, hat er erzählt, wie er von einem anderen Jungen auf dem Pausenhof geschlagen wurde, ohne dass Sie etwas dagegen unternommen haben.
Lehrer:	Hat er Ihnen irgendwelche Einzelheiten erzählt?
Mutti:	Nein, nur dass der andere Junge ihn geschlagen hat.
Lehrer:	Hat er gesagt, welcher Junge es war?
Mutti:	(ruft nach hinten) Münchi! Er will wissen, wer das war. (Wieder ins Telefon) Alex, der andere Junge heißt Alex.
Lehrer:	Und wann genau war das?
Mutti:	In der zweiten großen Pause.
Lehrer:	Und er sagte, ich hätte es gesehen?
Mutti:	Genau. Und Sie haben nicht eingegriffen.
Lehrer:	Hat er gesagt, wo genau das passiert sein soll?
Mutti:	(nach hinten) Münchi, er will wissen, wo das passiert ist. (Wieder ins Telefon) Er kann sich nicht genau erinnern.
Lehrer:	Nun, wir hatten auf dem Pausenhof einen kleinen Zwischenfall, den ich gesehen habe. Münchi wollte Alex dessen Tischtennisschläger wegnehmen, und bei dem Gerangel hat Münchi den Schläger gegen die Stirn bekommen.
Mutti:	(zweifelnd) Das hat er mir aber anders erzählt.
Lehrer:	Reden Sie noch einmal ganz in Ruhe mit ihm darüber. Und ich will gerne morgen in der Schule auch noch einmal mit ihm darüber sprechen.

Sie haben den Unterschied bemerkt? Im Ausgangsbeispiel war es die Mutter, die den Lehrer zur Rede stellte, der sich rechtfertigen musste. Eine unangenehme Situation. Im Lösungsbeispiel wird der Spieß umgedreht, indem der Lehrer zunächst alle Informationen erfragt, obwohl er sie eigentlich schon kennt. Trotzdem fragt er: wer, wann, wo, was und wie? Dabei geht es weniger darum, präzisierende Sachinformationen zu bekommen, sondern darum, aus der Defensive zu kommen und die Führung des Gesprächs zu übernehmen. Denn:

 Wer die Fragen stellt, führt das Gespräch.

Und die Eltern werden antworten, weil selbst die gutgläubigsten Eltern nicht als unwissend dastehen wollen. Somit werden sie die Informationen von ihrem Kind erfragen und an den Lehrer weiterleiten.

Tipp: Lassen Sie sich nicht in eine Argumentation darüber hineinziehen, wer die Wahrheit sagt. Hierbei können Sie nur verlieren, selbst wenn Sie den Eltern nachweisen, wie ihr Kind gelogen hat. Lassen Sie die Eltern selbst darauf kommen, dass Münchi ihnen eine sehr subjektive Darstellung der Ereignisse gegeben hat. Konzentrieren Sie sich mit der Mutter darauf, was tatsächlich passiert ist.

Nehmen wir ein anderes Beispiel. Die Mutter eines Mädchens (Müncha) beschwert sich telefonisch über die Sechs, die Sie ihr gegeben haben, weil Müncha eine schriftliche Ausarbeitung nicht abgegeben hat. Sie haben keine Arbeit bekommen, aber die Mutter sagt, das Mädchen habe sie beim Verlassen des Klassenraums auf Ihren Tisch gelegt. Sie beharren darauf, nichts gefunden zu haben, was die Mutter zu der Frage verleitet: »Wollen Sie damit sagen, dass meine Tochter lügt?« Sie haben drei Antworten zur Auswahl:

- ▶ Ja, wie gedruckt.
- ▶ Schauen Sie mal ihre Beine an.
- ▶ Wann genau hat sie das auf meinen Tisch gelegt?

Denken Sie ruhig die ersten beiden, aber sagen Sie die letzte Variante. Denn es könnte ja durchaus sein, dass Sie in der Eile etwas übersehen haben. Aber übernehmen Sie die Führung des Gesprächs und fragen Sie:

- ▶ Wann genau hat sie sie dorthin gelegt?
- ▶ Wohin auf den Tisch hat sie sie gelegt?
- ▶ Wie war der Titel der Arbeit?
- ▶ Hatte sie ein Deckblatt?
- ▶ In welcher Farbe?
- ▶ Warum hat sie sie nicht wie die anderen in der Stunde abgegeben?
- ▶ Warum hat sie mir nicht gesagt, dass sie sie auf meinen Tisch gelegt hat?

Sie erkennen wieder das Prinzip. Es geht weniger darum, neue Informationen zu bekommen, sondern die Mutter bzw. die Tochter in Zugzwang zu bringen, weil sie jetzt präzise Informationen liefern müssen.

Erfahrungsgemäß ist ein solches Gespräch für den Lehrer (und die Wahrheitsfindung) günstiger, wenn es in der Schule im Beisein der Schülerin stattfindet. Denn für manche Schüler ist es einfacher, zu Hause ihre Eltern zu belügen, als in Anwesenheit des Lehrers, der unmittelbar am Ort des Geschehens war. In unserem Fall besteht die beste Lösung darin, die Tochter, falls sie alle Fragen einigermaßen schlüssig beantwortet, ein anderes Exemplar der Arbeit möglichst bald nachreichen zu lassen. Oder man eröffnet ihr die Möglichkeit des »Irrtums« und fordert sie auf, zu Hause noch einmal gründlich nachzuschauen, ob sie sie nicht »aus Versehen« doch eingesteckt hat.

Falls Sie denken, mit dieser Entscheidung lasse man die Schülerin »durchkommen«, so haben Sie recht, aber nur bedingt. Denn hierdurch vermeidet man eine Klärung der Frage, ob die Tochter lügt. Diese Möglichkeit müssen die Eltern schon selber in Betracht ziehen, zwingen kann man sie dazu kaum. Für den Lehrer ist jedoch das Ergebnis entscheidend: Müncha muss die Arbeit abliefern, d. h. anfertigen. Und sie wird sich hüten, diesen Trick noch einmal bei Ihnen zu versuchen, denn natürlich werden Sie Müncha darauf hinweisen, in Zukunft solche Arbeiten nur Ihnen persönlich zu geben.

Falls Sie solche Situationen noch besser absichern wollen, sollten Sie hinten in den Anhang schauen. Im Downloadbereich unter www.beltz.de finden Sie nämlich ein Muster für eine Quittung. Damit können Sie Schülern abgegebene Arbeiten quittieren und auf diese Art und Weise unangenehme Missverständnisse vermeiden.

Zurück zum Kernproblem. Entscheidend ist, dass bei Schülern und Eltern folgende Botschaft ankommt: Der Lehrer hat den Trick der Lüge durchschaut und wird für das nächste Mal entsprechende Vorkehrungen treffen.

Anders als gutgläubige Eltern weiß der Lehrer als professioneller Erzieher, dass fast alle Kinder in schwierigen Situationen lügen. Sie starten, sobald sie in Schwierigkeiten sind, oft mit einer kleinen Lüge und verstricken sich immer weiter, bis sie nicht mehr herauskommen. Dieses Lügen muss keine generelle Charakterschwäche sein. Es ist eine lebenswichtige Technik, um schwierige Situationen kurzfristig zu lösen. Die meisten Kinder überwinden diese Phase. Leider nicht alle – muss man mit Blick auf die Erwachsenen sagen.

Es geht also nicht darum, Münchi unter dem gleißenden Lichtschein einer Lampe dazu zu bringen, laut und vernehmlich zu sagen: »Ja, Sie haben mich überführt. Ich gestehe alles. Ich habe gelogen! Ich bin ein schlechter Mensch!« Und dann wird er in Handschellen abgeführt. Es geht nicht darum, den Schüler herabzusetzen, sondern ihm die Botschaft begreiflich zu machen: Der Lehrer hat die Lüge erkannt und wird mich beim nächsten Mal enger führen, aber er stellt mich vor meinen Eltern nicht bloß. Das vermeidet Kollateralschäden in der Beziehung zu den Eltern.

Allerdings sollte dem Schüler auch klar werden, dass dieses entgegenkommende Verfahren nur *einmal* durchgeführt wird. Falls das gleiche oder ein ähnliches Verhalten noch einmal auftritt, wird nach anderen Regeln gespielt.

Damit wir uns nicht missverstehen: Bei Lügen, die dazu dienen, schwere Verstöße (z. B. Schlagen von Mitschülern) zu verdecken, ist es notwendig, dass Schüler ihr Fehlverhalten zugeben und hoffentlich auch einsehen.

Fazit: Lassen Sie sich nicht in eine Diskussion über die Glaubwürdigkeit eines Schülers ein. Auf die Standardfrage »Meinen Sie etwa, Münchi würde lügen?« gehen Sie *nicht* ein, sondern antworten: »Lassen Sie uns herausfinden, was genau passiert ist.« Damit übernehmen Sie die Führung des Gesprächs. Sie fragen, die andere Seite antwortet auf: wer, wann, wo, was und wie? Falls Sie für das Gespräch irgendwelche Unterlagen benötigen, sollten Sie das Gespräch höflich, aber bestimmt abbrechen und erst zurückrufen, sobald Sie alles bei der Hand haben. Verzichten Sie darauf, ein »volles Geständnis« zu erzwingen, geben Sie sich damit zufrieden, wenn der Schüler still nickend Ihren Lösungsvorschlag akzeptiert. Dann hat er Ihre Botschaft verstanden.

2.2 Helikopter-Mama

Dieser Elterntyp, der fast immer in weiblicher Form auftritt, schwebt ständig über seinem Kind, um es vor der schlimmen Welt zu beschützen. Das beginnt spätestens im Kindergarten, häufig schon früher. Dieser Rundumschutz ist jedoch nur möglich, sofern man über alles informiert ist, was in der Schule passiert oder geplant ist. Dafür verbringt Mutti eine ganze Menge Zeit in der Schule oder am Telefon. Sie sorgt sich, ob es zu kalt (oder zu warm) ist, um auf dem Schulhof zu sein. Bei der ersten Schneeflocke entwickelt sie Notfallpläne für einen etwaigen Schulausfall. Falls ihr das Essen in der Schulmensa nicht gefällt, bringt sie Ihrem Sohn eigenhändig ein selbst gekochtes Vollwertessen vorbei.

Unter uns: Selbstverständlich ist es wünschenswert, dass Eltern sich auch in schulischer Hinsicht um ihre Kinder kümmern, aber die Helikopter-Mama (H-M) übertreibt gewaltig. Sie beschützt und verhätschelt ihr Kind und enthebt es dadurch jeglicher Verantwortung.

Wenn Kevin etwas nicht abgeliefert hat, dann natürlich nur, weil er es nicht genau wusste. Er wusste nicht, dass die Arbeit wirklich am Freitag abgegeben werden sollte, dass sie ein Inhaltsverzeichnis haben und er die Arbeit selbstständig formulieren und nicht einen Ausdruck von Wikipedia einheften sollte. Er wusste auch nicht, dass die schlechte Note der Arbeit sich so sehr auf die Endnote auswirken würde. Dies alles (und noch viel mehr) wusste er nicht, weil der Lehrer es nicht gesagt oder nicht deutlich genug gesagt hat.

H-M:	Kevin wusste nicht, dass er die Arbeit am Freitag abgeben sollte.
Lehrer:	Ich habe es den Schülern mehrfach gesagt.
H-M:	Daran kann er sich nicht erinnern.
Lehrer:	Es stand auch an der Tafel, als ich die Aufgabe gestellt habe.
H-M:	Er schaut doch nicht ständig an die Tafel.
Lehrer:	Ich habe es auch ins Heft schreiben lassen.
H-M:	Dann hat er vergessen, mir das zu zeigen. Sonst hätte ich ihn erinnert.
Lehrer:	Soll ich Sie anrufen, sobald ich eine Arbeit aufgegeben habe?
H-M:	Das wäre sehr hilfreich.
Lehrer:	Das war ein Scherz!

Die letzten Sätze des Kollegen sind nachvollziehbar, aber nicht professionell. Ironische Bemerkungen bringen in einer solchen Situation gar nichts. Besser ist es, höflich, aber bestimmt darauf hinzuweisen, wie man die Klasse darüber informiert hat und (fast) alle anderen Schüler (hoffentlich) die Arbeit pünktlich abgegeben haben. Es ist möglich, Kevin eine Nachfrist einzuräumen. Er und seine Mutter sollten aber wissen, dass die Arbeit dann strenger bewertet wird, weil Kevin ja mehr Zeit für die Anfertigung hatte.

Typische Klagen der Helikopter-Mama sind: Die Klassenarbeiten waren zu schwierig, die Arbeitsaufträge zu umfangreich, die Vorbereitungszeit zu kurz. Dies alles führt dazu, dass Kevin sich kaum noch entspannen kann und somit den Spaß an der Schule verlieren könnte. Anders jedoch sieht es aus, wenn Helikopter-Mama schon über kleinste Verschlechterungen besorgt ist und selbst ihr Kind damit unter Druck setzt.

H-M: Ich habe gesehen, dass Nicole nur eine knappe Zwei in der letzten Arbeit bekommen hat.
Lehrer: Das ist doch kein Problem, sie steht insgesamt immer noch glatt Zwei.
H-M: Was hat bei der Arbeit denn zu einer Eins gefehlt?
Lehrer: Das weiß ich nicht mehr aus dem Kopf, aber ich kann gerne nachschauen.
H-M: Das wäre nett. Vielleicht sollte sie Nachhilfe bekommen, was meinen Sie?
Lehrer: Vielleicht sollte man sie einfach mal in Ruhe lassen.

Auch das ist eher ungünstig, obwohl es mehr als berechtigt wäre. Besser ist deshalb folgender Abschluss des Gesprächs:

H-M: Das wäre nett. Vielleicht sollte sie Nachhilfe bekommen, was meinen Sie?
Lehrer: Nicole ist eine rundum gute Schülerin. Aber auch bei ihr gibt es, wie bei allen Schülern, Leistungsschwankungen. Lassen Sie uns doch einfach die nächsten Wochen abwarten. Sollte es eine weitere Verschlechterung geben, werde ich Sie anrufen.

Der Schutz ihres Kindes umfasst bei Helikopter-Mama auch die ständige Sorge, andere Kinder würden vielleicht etwas besser behandelt. Hier gibt es nur einen Ratschlag: Lassen Sie sich nicht auf Vergleiche mit anderen Schülern ein. Dies ist nicht nur durch den Datenschutz geboten, sondern auch pädagogisch sinnvoll. Sie geben Eltern gerne Informationen über *ihr* Kind, aber keine (detaillierten) Informationen darüber, warum ein anderer Schüler eine bessere Note in einer Arbeit oder im Zeugnis bekommen hat. Sie sollten deshalb folgenden Satz beherrschen:

 **»Es tut mir leid,
aber ich kann keine Informationen über andere Schüler geben.«**

Professionelles Verhalten verlangt von Lehrkräften, die Privatsphäre anderer Schüler zu schützen und keine persönlichen Daten herauszugeben. Nicoles Leistungen werden nämlich nicht im Vergleich mit anderen Schülern ermittelt, sondern danach, in welchem Umfang die Vorgaben des Curriculums erfüllt werden.

Seien wir nicht unfair. So anstrengend Helikopter-Mama auch mit ihrer ständigen Besorgnis ist, so erfreulich ist es, dass sie sich um ihr Kind kümmert. Es lässt sich ganz gut mit ihr auskommen, wenn man sie beruhigt, allerdings ohne ihrem Kind Sonderkonditionen einzuräumen. Übernehmen Sie die Initiative. Informieren Sie rechtzeitig über eine Verschlechterung der Leistung oder über mögliche Belastungen, die auf alle Schüler zukommen. Auch Termine über die Abgabe von Hausarbeiten und Ähnliches kann man heutzutage per E-Mail problemlos allen Schülern und Eltern zukommen lassen.

Zwar ist es rechtlich gesehen eine »Holschuld« der Eltern, Informationen über ihr Kind zu erhalten, aber bei wichtigen Dingen muss die Schule von sich aus informieren. Wenn Sie darüber hinaus auch über weniger wichtige Dinge informieren, nehmen Sie ständig besorgten Eltern schon den Wind aus den Segeln.

2.3 Die verdeckte Ermittlerin

Während einige Verhaltensweisen bei Vätern und Müttern gleichermaßen auftauchen, findet sich diese Technik vorwiegend bei Frauen. Weniger deshalb, weil die meisten Elterngespräche von Müttern geführt werden, sondern weil das Vorgehen so subtil ist, dass man als männlicher Lehrer mit schlichtem Gemüt oft erst zu spät merkt, dass man in die Falle getappt ist. Die Väter sagen laut und direkt, welchen Standpunkt sie haben und was sie wollen, die verdeckte Ermittlerin tut erst so, als sei sie aufseiten des Lehrers, und weist erst zum Schluss betont freundlich darauf hin, welch wesentliche Aspekte man vernachlässigt hat. Sie erscheint zunächst harmlos und ein wenig naiv, aber ab einem gewissen Punkt des Gesprächs werden ihre Worte zu Pfeilen.

Die verdeckte Ermittlerin kann die Schule enorm unterstützen, aber nur wenn sich dadurch die Chancen ihres Kindes verbessern. Wenn ihr Kind in der Aufführung eines Theaterstücks die Hauptrolle bekommt, schneidert sie Kostüme, baut Kulissen oder sitzt an der Theaterkasse. Erhält ihr Kind nur eine Nebenrolle, wird sie zwar auch dabei sein – allerdings nur, um genauestens jeden Fehler des Spielleiters zu registrieren. Ein Gespräch zwischen verdeckter Ermittlerin (VE) und Spielleiter kurz nach der Besetzung der Rollen (Hauptrollen: Alexander und Charlotte) könnte wie folgt ablaufen:

VE:	Es ist eigentlich schade, dass Charlotte deutlich größer ist als Alex. Man kann kaum glauben, dass die beiden auf der Bühne ein Paar darstellen sollen.
Lehrer:	Viele Mädchen in der Gruppe sind größer als die Jungen, und Charlotte hat eine schöne, laute Stimme.
VE:	Meine Tochter wäre kleiner als Alex. Aber ich glaube nicht, dass sie eine echte Chance hatte, zu zeigen, was sie wirklich kann.
Lehrer:	Ich habe zusammen mit der Kollegin X alle Schüler vorsprechen lassen.
VE:	Das stimmt schon, aber als Nicole vorsprechen musste, haben Sie beide sich recht angeregt unterhalten.

Die verdeckte Ermittlerin kritisiert also um zwei Ecken herum, was der Lehrer gemacht hat, und spricht nur indirekt an, was sie für ihr Kind fordert. Wer hier nicht sehr aufmerksam ist, merkt unter Umständen zu spät, wie er durch unbedachte Äußerungen bereits Boden verloren hat.

VE:	Nicole war fürchterlich enttäuscht, als Sie ihr nur eine Vier für ihr Referat gegeben haben.
Lehrer:	(denkt: Mehr war es wirklich nicht wert.) Es tut mir leid, das zu hören.
VE:	Sie hat die Aufgabenstellung nicht richtig verstanden. Die war wohl nicht ganz klar.
Lehrer:	Wirklich? Wir haben sie einige Male im Unterricht besprochen.
VE:	Aber Sie haben nicht alle Punkte an die Tafel geschrieben und haben die Schüler auch nicht aufgefordert, die Punkte abzuschreiben.
Lehrer:	Alle wichtigen Punkte standen an der Tafel. Und die anderen Schüler haben selbstständig mitgeschrieben, aber Nicole hat vermutlich mal wieder nicht aufgepasst.

Der letzte Satz ist ungünstig. Die beste Taktik, die verdeckte Ermittlerin zu führen, besteht darin, höflich, aber bestimmt zu sein und dabei keinen Fußbreit Boden herzugeben. Vielleicht so:

VE:	Nicole war fürchterlich enttäuscht, als Sie ihr nur eine Vier für ihr Referat gegeben haben.
Lehrer:	(denkt: Mehr war es wirklich nicht wert.) Es tut mir leid, das zu hören.
VE:	Sie hat die Aufgabenstellung nicht richtig verstanden. Die war wohl nicht klar.
Lehrer:	Das überrascht mich. Denn Nicole hat bei den Vorbesprechungen nie nachgefragt.
VE:	Sie wissen doch, wie schüchtern Nicole ist.
Lehrer:	Das mag sein. Aber es ist schwierig, zu merken, dass ein Schüler etwas nicht verstanden hat, wenn er sich nicht meldet.

Sie erkennen die andere Richtung, in die das Gespräch jetzt geführt wurde? Der Lehrer äußert keine direkten Vorwürfe gegen das Kind. Vielmehr führt er höflich, aber bestimmt das Gespräch von den Gefühlen und Einschätzungen der Schülerin weg und hin zu objektiven Gegebenheiten und dem, was der Lehrer wissen konnte.

Vorsicht! Die verdeckte Ermittlerin versucht manchmal, sich den jetzigen Lehrer ihres Kindes gewogen zu machen, indem sie schlecht über vorherige Kollegen redet. Vielleicht wird es Sie überraschen, aber Sie werden erfahren: Nicole liebt eigentlich *Ihren* Deutschunterricht, z. B. weil die vorige Lehrkraft so wenig entgegenkommend war. Diese Schmeichelei soll Ihnen ein Zugeständnis entlocken, um Nicoles große Liebe zum Deutschunterricht zu belohnen und zu demonstrieren, wie entgegenkommend man als beliebter Lehrer doch ist. Die Taktik der verdeckten Ermittlerin hat aber noch einen weiteren Haken: Wer jetzt auch nur ansatzweise etwas Negatives über den vorigen Kollegen bestätigt, handelt nicht nur unprofessionell, sondern muss damit rechnen, dass diese Äußerung notfalls gegen ihn verwandt wird.

Falls man Schwierigkeiten hat, den vorigen Kollegen vehement zu verteidigen, empfiehlt es sich, die Äußerung einfach zu ignorieren und so den Köder nicht zu schlucken. Bleiben Sie neutral und liefern Sie der verdeckten Ermittlerin keine Munition für weitere Aktionen. Machen Sie den Eltern klar: Sie tratschen nicht über Kollegen. Bleiben Sie bei sich und Ihrem Fach. Bestätigen Sie, wie Sie sich über Nicoles Interesse am Deutschunterricht freuen, aber machen Sie wegen des dicken Lobes keine Zugeständnisse. Da diese Technik, über Kritik an anderen Lehrern an Sie heranzukommen, weit verbreitet ist, sollte auch folgender Satz zu Ihrem Repertoire gehören:

 **»Es tut mir leid,
ich gebe keine Kommentare über andere Kollegen ab.«**

Sie müssen damit rechnen, dass die verdeckte Ermittlerin sich hinter Ihrem Rücken bei anderen Kollegen oder der Schulleitung über Sie beschwert, vielleicht weil sie merkt, wie ihre Taktik bei Ihnen keinen Erfolg hat. Damit werden Sie leben müssen – und Sie werden es überstehen. Davon verschont bleiben Sie nur, falls *und solange* Sie das Spiel der verdeckten Ermittlerin mitspielen. Sobald Sie einmal nicht ihrem Wunsch nachgeben, stehen Sie wieder auf der Abschussliste. Und ob man sich in diese Abhängigkeit begibt, sollte man sich dreimal überlegen.

Fazit: Seien Sie hellwach, sobald Sie mit Lob überhäuft oder abwertende Bemerkungen über Kollegen gemacht werden. Gleiches gilt für allgemeine Äußerungen, deren Richtung Sie (noch) nicht erkennen. Das ist die Vorbereitung des Angriffs aus dem Hinterhalt. Bleiben Sie im Ton höflich, in der Sache aber bestimmt. Verwenden Sie nicht mehr Zeit auf die verdeckte Ermittlerin als unbedingt nötig. Lange Gespräche mit dieser Meisterin der Gesprächskunst bringen nichts, denn ihr Ziel steht unverrückbar fest. Und dafür ist ihr jedes Mittel recht.

2.4 Der furchtlose Kreuzritter

Neben dem Gros der Eltern, das sich für die Interessen ihres Kindes starkmacht, gibt es auch einige, die höhere Ziele verfolgen: Der Kreuzritter (meist ein Vater) möchte, dass die von ihm für richtig gehaltenen Prinzipien an der gesamten Schule, besser noch im gesamten Schulbezirk oder am besten im gesamten Bundesland gelten und angewandt werden. Dafür kämpft er furchtlos. Ein beliebtes Ziel sind die Lehrpläne, z. B. wenn es darum geht, eine bestimmte Lektüre zu lesen. Er möchte nicht nur, dass *sein* Kind dieses Buch nicht lesen muss, er möchte, dass *kein* Schüler der Klasse dieses Buch in die Hand bekommt. Das hört sich dann so an:

Kreuzritter: Wir haben Sorge wegen des Buchs, das Sie demnächst lesen wollen.
Lehrer: Wirklich? Was stört Sie daran?
Kreuzritter: Zum einen die Sprache, zum anderen die Handlung.

Lehrer: Haben Sie das Buch denn gelesen?

Kreuzritter: Das brauche ich nicht. Ich weiß, was drinsteht. Und ich spreche für viele Eltern, die auch gegen dieses Buch sind.

Lehrer: Bislang hat sich noch niemand über diese Lektüre beschwert.

Kreuzritter: Das ist doch klar. Die meisten Eltern haben Angst und fürchten, ihr Kind könnte wegen ihrer kritischen Äußerungen Nachteile haben. Darum bin ich ja hier. Wir alle finden: Schüler dieses Alters sollten das Buch nicht lesen.

Der Kreuzritter lässt gerne anklingen, dass er nicht nur für sich selbst, sondern auch für die vielen anderen spricht, die nicht so unerschrocken sind. Selbst wenn das nicht stimmt, so redet er sich ein, für viele zu handeln, weil seine Forderung dadurch ein größeres moralisches Gewicht erhält. Zudem steht er im Gespräch mit der Lehrkraft nach seiner Vorstellung nicht allein da, was den Druck erhöhen soll.

Als Lehrkraft könnte man versucht sein, den Kreuzritter als unbelesenen Spießer abzutun, aber das wäre ein Fehler. Denn tatsächlich könnte er der Versuchsballon sein, den die anderen Eltern vorgeschickt haben und die geballt in Erscheinung treten, falls man ihre Besorgnis nicht ernst nimmt. Man sollte folglich gleich von Anfang an klären, in wessen Namen er spricht.

Kreuzritter: Wir haben Sorge wegen des Buchs, das Sie demnächst lesen wollen.

Lehrer: Können Sie mir sagen, wer genau »wir« ist?

Kreuzritter: Meine Frau und ich. Aber auch andere Eltern aus der Klasse.

Lehrer: Wer denn?

Kreuzritter: Das möchte ich nicht sagen, weil die ungenannt bleiben möchten.

Lehrer: Dann lassen Sie uns doch mit den Befürchtungen beginnen, die Sie und Ihre Frau haben.

Sie merken, wie der Dialog in eine andere Richtung geführt wird. Die Bedenken der anderen (ungenannten) Eltern werden ausgeklammert, und der Kreuzritter muss Farbe bekennen. Jetzt kann er sich nicht mehr hinter anderen verstecken. Nun geht es darum, seine – und nur seine – Argumente zu prüfen. Aber bleiben wir fair. Vielleicht hat er ja recht, und die Sprache und die Handlung der Lektüre sind wirklich noch nichts für diese Altersgruppe. Nur weil er sich als Kreuzritter begreift, muss das, was er vertritt, ja nicht falsch sein. Manchmal ist an seinen Argumenten durchaus etwas dran, seine absoluten Forderungen sind allerdings oft überzogen. Das Entscheidende für die jeweilige Lehrkraft ist, ihn auf seine Person zu reduzieren. Er spricht für sein Kind, für sich (eventuell auch für seine Frau), aber er hat nicht das Recht, für andere als Sprachrohr bzw. als Zensor aufzutreten.

Damit wir uns nicht missverstehen: Der Kreuzritter in unserem Beispiel ist kein gewählter Elternvertreter, dann wäre seine Legitimation natürlich umfassender. Wenn die Lektüre auf dem Lehrplan steht, sollte sich der Kreuzritter an das Kultusministerium wenden. Das sind die richtigen und kompetenteren Ansprechpartner. Es kann nicht sein, dass vom offiziellen Lehrplan abgewichen wird, weil bestimmte Inhalte einzelnen Eltern nicht passen.

Präventiv günstig ist es, wenn Sie die Eltern über eine heikle Lektüre, die Sie zusätzlich zum Lehrplan lesen wollen, schriftlich vorab informieren und Ihre Entscheidung begründen. So kann Ihnen niemand vorwerfen, Sie hätten die Eltern »überfahren«. Wer diese Information nicht liest, sich aber später beschwert, den kann man darauf hinweisen, rechtzeitig informiert worden zu sein.

Manchmal hilft es, den Kreuzritter darauf hinzuweisen, wie viele Bücher früher verboten waren, die heute als Klassiker anerkannt sind. Dadurch kann man ihm manchmal das Gefühl vermitteln, durch eine Einwilligung zu denen zu gehören, die literarische Qualitäten früher als die breite Masse erkennen.

Ganz nebenbei: Es ist eine schöne Idee für die Schulbücherei, ein spezielles Regal einzurichten, in dem man (früher) verbotene Bücher aufstellt, oder eine Woche der (früher) »verbotenen Bücher« zu organisieren. Das ist in der Regel ein großer Erfolg, weil Schüler sich natürlich mehr für verbotene Bücher interessieren als für völlig unproblematische. Selbstredend gehören Bücher mit sexuellen oder gewaltverherrlichenden Inhalten nicht in die Schulbibliothek.

Ein weiteres Anliegen des Kreuzritters: Ihn bewegt der (etwas naive) Wunsch nach absoluter Gleichbehandlung. Wenn sein Kind etwas nicht kann oder nicht darf, dann sollen auch alle anderen es nicht dürfen.

Kreuzritter: Sie wollen nächsten Donnerstag in den Streichelzoo?
Lehrer: Richtig. Wir wollen uns die Tiere, die wir im Unterricht behandelt haben, einmal ganz aus der Nähe ansehen.
Kreuzritter: Wissen Sie, Kevin reagiert allergisch auf Tierhaare. Und ich finde, wenn er nicht mitfahren kann, sollte niemand fahren. Er würde sich sonst ausgeschlossen fühlen.

Natürlich ist es ärgerlich, wenn ein Schüler nicht mitfahren kann. Deswegen den ganzen Ausflug abzubrechen wäre jedoch völlig übertrieben. Das ist aber die Einstellung des Kreuzritters: ganz oder gar nicht, alle oder keiner. Alle sollen so behandelt werden wie sein Kind. Für den Lehrer ist es nicht einfach, die Wünsche einer Minderheit mit dem Recht der Mehrheit zusammenzuführen. Aber er kann versuchen, für Kevin (nicht für die anderen!) einen Kompromiss zu finden. Der Vater (oder die Mutter) könnte Kevin begleiten und mit ihm am Ort etwas anderes unternehmen. Vielleicht gibt es im Zoo ja einen Film zu sehen oder andere Aktivitäten, bei denen er nicht mit den Tieren in Kontakt kommt.

Sobald der Kreuzritter merkt, dass er mit seinen überzogenen Forderungen nicht durchdringt, geht er furchtlos in die Offensive, z. B. wenn sein Sohn den Unterricht stört oder sich nicht anstrengt. In einem ersten Schritt macht er deutlich, dass die Probleme, welche die Lehrkräfte mit seinem Kind haben, an deren Unfähigkeit liegen.

Seine Logik: Eine *gute* Lehrkraft hätte mit seinem Kind keine Probleme. Da schiebt jemand den Schwarzen Peter weiter. Von daher ist es wichtig, dem Vater klarzumachen, dass Lehrkräfte in pädagogischen Fragen (mindestens) auf der Stufe der Eltern stehen. Ob jemand eine gute Lehrkraft ist, unterliegt nicht der Bewertung durch einzelne Eltern, sondern der Schulbehörde. Das sollte man den Eltern allerdings nicht so deutlich und so direkt sagen, sondern dem Schulleiter, wenn mit einer Beschwerde zu rechnen ist.

Den Eltern gegenüber ignoriert man solche Äußerungen und beschränkt sich auf die Fakten: Was hat Kevin getan oder nicht getan, was hat man als Lehrer dagegen getan, und was erwartet man in Zukunft von Kevin? Lassen Sie sich von Eltern nicht einreden, Sie allein hätten dafür zu sorgen, dass Kevin sich anstrengt oder nicht stört. Ein Arzt muss auch nicht dafür sorgen, dass der Patient seine Medizin einnimmt. Er analysiert und verschreibt das entsprechende Medikament, und alles Weitere liegt in der Verantwortung des Patienten. Das heißt: Kevin muss sich anstrengen, und seine Eltern sollten ihn dabei unterstützen. Untermauert wird diese Ansicht durch ein Gesetz, nämlich das Grundgesetz. Dort steht (etwas verkürzt) im Artikel 6: »Pflege und Erziehung der Kinder sind die natürliche *Pflicht der Eltern.*« Diesen Satz sollte man groß ausgedruckt allen Eltern beim Schuleintritt ihrer Kinder überreichen, damit sie ihn gut sichtbar zu Hause aufhängen und immer vor Augen haben.

Wirken Vorwürfe gegen den Lehrer nicht, greift der Kreuzritter manchmal sogar zu Drohungen. Schließlich ist er von seiner Sache so überzeugt, dass er bereit ist, dafür auch drastische Schritte zu unternehmen – oder zumindest anzudrohen. Bereitwillig erklärt er, er werde sich an die Schulleitung oder die Schulbehörde wenden, sollte man seinen Forderungen nicht entgegenkommen. Spätestens an dieser Stelle knicken einige Kollegen ein, weil sie möglichen Ärger scheuen. Die richtige professionelle Antwort, das Gespräch weiterzuführen, ist jedoch:

 »Tun Sie, was Sie für richtig halten.«

Bitte keine bissigen Bemerkungen wie: »Tun Sie, was Sie nicht lassen können!« Das würde nur Öl ins Feuer gießen und den Kreuzritter darin bestärken, Ihnen jetzt zu zeigen, was eine Harke ist. Die erste Lösung ist neutral und professionell. Schließlich hat jedes Elternteil das Recht, sich an die vorgesetzte Stelle einer Behörde zu wenden.

Da die meisten Eltern bequem sind, machen nur etwa zehn Prozent derer, die diesen Schritt androhen, auch tatsächlich davon Gebrauch. Sie machen es aber, sobald sie sich persönlich angegriffen fühlen oder man sie von diesem Schritt abhalten will. Darauf sollten Sie also verzichten. Der Kreuzritter ist nicht nur sensibel und sehr verletzlich, sondern er hat auch ein feines Gespür für Angst vor Konfrontationen. Der Satz »Tun Sie, was Sie für richtig halten« zeigt ihm jedoch, dass Sie keine Angst vor weiteren Schritten haben.

In jedem Fall sollten Sie nach einer solchen Drohung möglichst bald *von sich aus* die Schulleitung über die Ankündigung des Kreuzritters informieren, sich demnächst an sie zu wenden. Dadurch demonstrieren Sie, nichts verbergen zu wollen – und Sie haben den Vorteil, der Schulleitung zuerst *Ihre* Sicht der Dinge darlegen zu können. Und wir alle wissen: Die ersten Informationen im Gehirn bilden die Basis, auf der alles Weitere aufbaut.

Fazit: Klären Sie beim Kreuzritter gleich zu Beginn, für wen er spricht bzw. sprechen darf. Nehmen Sie seine persönlichen Besorgnisse ernst, aber akzeptieren Sie ihn nicht einfach als selbsternannten Sprecher einer unbekannten Gruppe. Falls die Mehrheit der Eltern berechtigte Bedenken hat, gibt es demokratische Möglichkeiten, diese zu berücksichtigen.

Versuchen Sie nicht, seinen möglichen Gang zur Schulleitung zu verhindern, sondern entgegnen Sie professionell: »Tun Sie, was Sie für richtig halten.«

2.5 Herr Warumgradmeiner?

Sobald Konflikte mit Schülern auftreten, werfen einige Eltern den Lehrern vor, es nur auf *ihr* Kind abgesehen zu haben. Falls die Beweislage klar ist, gibt Herr Warumgradmeiner (WGM) das Fehlverhalten seines Kindes zwar notgedrungen zu, wird aber im gleichen Atemzug darauf hinweisen, andere Schüler hätten ungestraft das Gleiche gemacht. Und wenn nicht alle bestraft würden, dann solle auch sein Kind nicht bestraft werden. Mit dieser verallgemeinernden Haltung ähnelt er ein wenig dem Kreuzritter.

Falls der Lehrer jedoch die ganze Klasse bestrafen will, wird er fordern, sein Kind davon auszunehmen, weil es nun wirklich nichts getan habe. Kurzum, er hat immer das Gefühl, sein Kind sei anders als andere, werde anders behandelt als andere oder müsse anders behandelt werden als andere. Er vertritt die schräge Vorstellung eines negativen oder positiven Auserwähltseins. Zum Beispiel so:

WGM: Ich habe erfahren, dass Kevin seine Springerstiefel nicht in der Schule tragen darf.
Lehrer: Das ist richtig.
WGM: Und was ist mit all den anderen, die solche Schuhe tragen?
Lehrer: Welche anderen Schüler?
WGM: Als ich durch die Pausenhalle gekommen bin, habe ich mindestens fünf Schüler mit solchen oder ähnlichen Schuhen gesehen. Warum haben Sie gerade Kevin auf dem Kieker?
Lehrer: Zeigen Sie mir die fünf, und wir machen etwas dagegen.
WGM: Na bitte, warum denn nicht gleich so? Sobald Sie die anderen bestraft haben, können wir gerne über Kevin und seine Stiefel reden.

Halt! Das ist falsch gelaufen, was Sie gegen Ende des Dialogs sicher gespürt haben.

Aber da war es schon zu spät. Der Kollege ist in die Falle getappt, indem er auf das Argument eingegangen ist. Herr Warumgradmeiner will das falsche Verhalten seines Kindes dadurch abschwächen, dass er behauptet, andere würden das Gleiche (oder Schlimmeres) machen, dafür aber nicht zur Verantwortung gezogen. Selbstverständlich kann es das geben, trotzdem ist es keine Rechtfertigung. Das wäre so, als würde man jemanden wegen eines Diebstahls nicht bestrafen, weil es etliche Diebe gibt, die ungestraft davonkommen.

Eine solche Strategie dient als Ablenkung, um den Lehrer vom konkreten Fehlverhalten des Kindes, um das es jetzt geht, wegzuführen. Das Ziel des Lehrers muss deshalb sein, das Gespräch wieder auf das eigentliche Thema zu lenken: Kevins Fehlverhalten. Anders als dieses sind die Regeln der Schule nie personengebunden, sondern allgemein. Sie richten sich nicht speziell gegen Kevin. Das sollte man immer wieder betonen.

WGM: Ich habe erfahren, dass Kevin seine Springerstiefel nicht in der Schule tragen darf.

Lehrer: Das ist richtig.

WGM: Und was ist mit all den anderen, die solche Schuhe tragen?

Lehrer: Welche anderen Schüler?

WGM: Als ich durch die Pausenhalle gekommen bin, habe ich mindestens fünf Schüler mit solchen oder ähnlichen Schuhen gesehen. Warum haben Sie gerade Kevin auf dem Kieker?

Lehrer: Seine Springerstiefel verstoßen gegen die Schulordnung, so einfach ist das.

WGM: Andere Schüler tragen doch auch solche Schuhe.

Lehrer: Unsere Kleiderordnung verbietet solch martialisches Schuhwerk.

WGM: Ich glaube, Sie sind bei Kevin strenger als bei anderen.

Lehrer: Die Schulordnung gilt für alle. Und jeder Schüler, der in meiner Klasse ist, muss sich nach ihr richten.

WGM: Ich könnte jetzt sofort nach draußen gehen und drei Schüler mit solchen Schuhen holen.

Lehrer: Ich gebe Ihnen eine Kopie unserer Schulordnung, in der Sie unsere Regeln nachlesen können.

Haben Sie es gemerkt, wie das Gespräch in eine andere Richtung geführt wird? Es ist der Trick der **Endlosschleife**, wie man sie manchmal bei Callcentern hört (»Alle unsere Mitarbeiter sind zurzeit im Gespräch – legen Sie nicht auf«). Auf das Ablenkungsmanöver des Vaters wird mit keinem Wort eingegangen, was nicht leicht ist. Stattdessen wird die gleiche Botschaft in leicht abgewandelter Formulierung ständig wiederholt. Das Verfahren ist alt, aber wirkungsvoll. Es ermüdet, und zwar nicht nur Sie, sondern vor allem den Vater. Darüber hinaus begreift er: Sie geben keinen Boden preis, sondern bleiben bei Ihrer Meinung.

Es ist wenig ergiebig, darüber zu streiten, ob der Lehrer einen Schüler auf dem Kieker hat: »Sie haben was gegen Kevin.« – »Nein, hab ich nicht!« – »Doch, haben Sie wohl!« – »Nein, hab ich nicht!« Diese Art des Gesprächs bringt Sie nicht weiter, also ist es besser, ganz darauf zu verzichten. Vielmehr muss der Vater vom Lehrer zu folgender Erkenntnis geführt werden: Lehrer greifen *nicht wegen der Person* des Schülers ein, sondern wegen eines bestimmten *Verhaltens*. Es geht folglich darum, zu klären, was die Eltern darunter verstehen, dass man etwas gegen ihr Kind habe: Kevin nicht reden zu lassen, während Sie reden? Nicht oder verspätet gemachte Hausaufgaben zu registrieren? Einzuschreiten, wenn Kevin einem anderen etwas wegnimmt? Ihm zu untersagen, Kleidung zu tragen, die der Schulordnung widerspricht?

Also: Widerstehen Sie Ihrem spontanen Wunsch, den Vorwurf sofort zu leugnen. Fragen Sie stattdessen nach, und lassen Sie die Eltern antworten, was genau Ihnen vorgehalten wird. Diese Technik bringt Sie aus der Defensive heraus und lässt Sie die Führung des Gesprächs übernehmen, indem der Vater jetzt liefern muss: wann, wo, was und wie? Und zwar möglichst genau. Jede Information, die er nicht präzise geben kann, wird bei ihm den unangenehmen, aber gewollten Eindruck verstärken, er sei nicht vollständig informiert.

Falls Ihnen dann Ereignisse vorgehalten werden, die schon lange zurückliegen, stellt sich die berechtigte Frage, warum Schüler und Eltern sich nicht schon vorher bei Ihnen gemeldet haben. Falls Kevin keine konkreten Ereignisse nennen kann, sondern nur den unbestimmten Eindruck hat, Sie hätten etwas gegen ihn, sollten Sie das Gespräch an dieser Stelle höflich, aber bestimmt abbrechen.

Bitten Sie den Vater, sich genau zu informieren oder eventuell den Sohn zu einem erneuten Gespräch mitzubringen. Natürlich kostet Sie ein neuer Termin weitere Zeit, aber den Vater bzw. den Schüler auch. Diese Hürde ist manchmal schon zu hoch und damit ein Indiz für das geringe Gewicht solcher Beschwerden. Sie werden feststellen, wie etliche Eltern oder Schüler es dabei bewenden lassen, nur ganz allgemein ihren Unmut zu äußern und die Gelegenheit eines zweiten Gesprächs nicht wahrnehmen. Dann war die Angelegenheit wohl doch nicht so wichtig.

Unter uns: Natürlich werden in einer Schule nicht sämtliche Verstöße entdeckt und nicht in gleicher Weise behandelt. Das liegt an der unterschiedlichen Aufmerksamkeit und Konsequenz der einzelnen Kollegen. Wenn *Sie* jedoch alle Ihre Schüler gleich behandeln, sollten Sie diese Ungleichbehandlung mit Herrn Warumgradmeiner nicht erörtern. Denn anders, als er behauptet, geht es ihm nicht darum, alle Regelverstöße zu bestrafen. Ihm geht es darum, dass sein Sohn wegen eines Regelverstoßes nicht belangt wird.

Falls Herr Warumgradmeiner jedoch die gleiche Technik wie Sie anwendet und in einer Endlosschleife die vermeintliche oder tatsächliche Ungleichbehandlung an Ihrer Schule anspricht, ist es besser, darauf einzugehen.

WGM: Und was ist mit den anderen Schülern?
Lehrer: Das Thema hier sind Kevins Springerstiefel.

WGM:	Andere tragen auch diese Schuhe hier und werden nicht belangt.
Lehrer:	Wissen Sie, bei 700 Schülern ist es fast unmöglich, jeden Verstoß zu ahnden. Wir tun unser Bestes, damit die Schulordnung eingehalten wird, aber ich behaupte nicht, wir würden alles sehen. Allerdings versuchen wir es.
WGM:	Ich möchte nicht, dass nur Kevin belangt wird.
Lehrer:	Das verstehe ich. Aber natürlich muss auch Kevin sich an die Schulordnung halten.
WGM:	Einverstanden, aber sorgen Sie dafür, dass die anderen es auch tun.

Es ist nicht tragisch zuzugeben, dass die Schule nicht alles sieht. Vielleicht ist sogar Kevin mit seinen Springerstiefeln schon ein paarmal durchgekommen, weil niemand sie bemerkt hat oder einige Kollegen nicht darauf reagieren wollten. Das ist halt die Realität. Genauso real ist aber die Tatsache, dass er jetzt mit seinem Verstoß aufgefallen ist und verpflichtet wird, sich an die Regeln zu halten.

Herr Warumgradmeiner wertet den Verstoß seines Sohnes als Bagatelle, häufig deshalb, weil er nur *einen* Verstoß sieht, nämlich den seines Sohnes. Das ist nachvollziehbar. Tatsächlich wäre *ein* Schüler, der Springerstiefel trägt, kein Problem, sondern nur ein exotischer Außenseiter, aber zehn oder 20 Schüler, die in einer Schule dieses Schuhwerk demonstrativ zur Schau tragen, stellen sehr wohl ein Problem dar. Und Lehrer als ausgebildete Erzieher wissen genau, wie ansteckend bestimmte Verhaltensweisen sind und ab einer gewissen Größenordnung andere Schüler einschüchtern können. Aufgabe des Lehrers ist es deshalb, den Eltern Folgendes klarzumachen: Schulische Regeln dienen dem reibungslosen Miteinander, selbst wenn das auf den ersten Blick nicht ersichtlich ist.

Da Herr Warumgradmeiner die Vorstellung hat, sein Sohn sei etwas Besonderes, neigt er dazu, Ausnahmen für ihn zu fordern. Zwar akzeptiert er grundsätzlich, dass Handys in der Schule auszuschalten und zu verstauen sind. Aber wenn sein Sohn in der Schule mit dem Handy telefoniert, ist das ganz etwas anderes. Er hat angerufen, weil er etwas Wichtiges vergessen hat, weil er mitteilen wollte, dass er mit Freunden noch in die Stadt geht, oder um seinem Vater zu sagen, dass er eine Drei in der letzten Englischarbeit hat. Die möglichen Gründe sind vielfältig, aber im Kern geht es immer darum, für Kevin eine Ausnahme zu machen, weil bei ihm ganz besondere Umstände vorliegen.

Dem sollte von Lehrerseite nicht vorschnell nachgegeben werden, weil sonst – über immer mehr Ausnahmen – eine Regel zur inhaltsleeren Worthülse wird. Auf gar keinen Fall ist hinnehmbar, dass Schüler selbstständig für sich Ausnahmeregelungen umsetzen. Der korrekte Weg besteht (im Handyfall) darin, ins Sekretariat zu gehen und von dort aus anzurufen oder dem zuständigen Lehrer den Sachverhalt zu schildern und um eine Erlaubnis für den Handyanruf zu bitten.

Fazit: Lassen Sie sich weder auf Ausnahmen noch auf den pauschalen Vorwurf ein, Sie hätten etwas gegen einen Schüler. Wiederholen Sie wie in einer Endlosschleife immer wieder die schulische Regel, die für alle gilt und gegen die der betreffende Schüler verstoßen hat. Klären Sie, welches konkrete Verhalten man Ihnen als einseitiges Vorgehen gegen das betreffende Kind vorwirft. Geben Sie zu, dass Sie (oder Ihre Kollegen) nicht alles sehen können. Dies aber ist kein Grund, bemerkte Verstöße nicht zu ahnden. Machen Sie klar: Sie bestrafen nicht bestimmte Personen, sondern unterbinden störende Verhaltensweisen, egal, bei wem diese auftauchen.

2.6 Der lockere Liberale

Dieser Elterntyp, meist ein Vater, oft aber auch der neue Lebensgefährte einer Mutter, zeichnet sich durch eine betont lockere Einstellung zu bestimmten Verhaltenspflichten aus. Er vertritt dabei unterschwellig die Auffassung, man nähme den Schülern beim Betreten des Schulgrundstücks ihre Persönlichkeitsrechte ab. Zu diesen »Rechten« zählt er schlampige Kleidung, vulgäre Sprache, öffentliche Liebkosungen oder körperliche Auseinandersetzungen.

Lehrer: Chantal kam heute wieder bauchfrei und mit Riesendekolleté zur Schule.
LL: Das ist nun mal grad in Mode.
Lehrer: Aber es verstößt gegen die Schulordnung.
LL: Sie ist halt gern modisch gekleidet und drückt dadurch ihre Persönlichkeit aus.
Lehrer: Das kann sie auch gern in ihrer Freizeit tun, aber hier in der Schule versuchen wir, aufreizende Kleidung zu vermeiden.

oder

LL: Kevin hat also auf der Klassenfahrt Bier getrunken. Na und?
Lehrer: Das ist auf Klassenfahrten nicht erlaubt, und Sie haben das vorher zur Kenntnis genommen – und unterschrieben.
LL: Sie wissen doch, wie das ist. Man unterschreibt was, und jeder weiß, dass es nur eine Formsache ist, an die sich niemand hält.
Lehrer: Wir nehmen das ernst. Und wir versuchen Schülern beizubringen, sich an das zu halten, was man erklärt hat.

Ich glaube nicht, dass es zu den unveräußerlichen Menschenrechten gehört, in der Schule gewagte Dekolletés zu tragen oder sich auf einer Klassenfahrt zu betrinken, aber der lockere Liberale stellt es so dar. Locker sein heißt für ihn, die Regeln immer dann nicht zu beachten, wenn es dem eigenen Vorteil oder dem des Kindes dient. Der lockere Liberale meint, er würde seinem Kind damit helfen. In Wahrheit bringt er sein Kind in ein Dilemma, indem er seine Auffassung der Autorität der Schule gegenüberstellt. Darüber hinaus vermittelt er seinem Kind die Illusion, ein solches grenzwertiges Verhalten würde toleriert, sobald die böse Schule überstanden ist. Der lockere Liberale ist in der Regel ein pädagogischer Laie, der sich nicht vorstellen kann (oder will), wie sehr Kinder und Jugendliche klare Regeln wollen, selbst wenn sie sie zuerst nicht mögen.

Denn erstaunlicherweise hat Chantal überhaupt keine Schwierigkeiten, sich bei McDonald's in eine hochgeschlossene, ausgesprochen dezente Firmenuniform zu zwängen und freundlich die alles entscheidende Frage zu stellen: »Ketchup oder Mayo zu den Pommes?«

Der Umgang mit dem lockeren Liberalen ist deshalb oft schwieriger als mit seinem Kind, das die Regeln im Kern akzeptiert und sie nur überschreitet, um zu testen, wie weit man gehen kann. Für den lockeren Liberalen hingegen ist das Überschreiten von Regeln eine Lebenshaltung geworden, von der er profitiert. Und da er ein echter Kumpel ist, möchte er, dass sein Kind in der Schule auch durch diese Haltung profitiert.

Weil die jugendlichen Schüler Regeln grundsätzlich leichter akzeptieren als Erwachsene, kann es sinnvoll sein, sie während eines Gesprächs mit dem Vater dabeizuhaben. Lassen Sie uns das Ende eines solchen Gesprächs belauschen, bei dem es darum geht, dass Kevin für sein Referat einfach nur etwas aus Wikipedia ausgedruckt hat.

LL:	Kevin wusste nicht, dass er das nicht durfte.
Lehrer:	Stimmt das?
Kevin:	Das war nicht so klar.
LL:	Wenn er das verstanden hätte, hätte er es sicher richtig gemacht.
Lehrer:	Aber in der Stunde, als wir das besprochen haben, warst du doch da.
Kevin:	Ja, schon.
Lehrer:	Und da habe ich doch erklärt, dass es nicht geht, einfach etwas abzuschreiben oder irgendwo herauszukopieren. Stimmt das?
Kevin:	Ja, irgendwie schon.
Lehrer:	Aber …

Halt! Stopp! Das reicht. Streichen Sie das letzte Wort, und verlangen Sie in dieser Situation nicht zu viel von Kevin. Ihre Botschaft ist angekommen: Sie haben es deutlich gesagt: Kevin war in der fraglichen Stunde anwesend, und er hat es auch verstanden. Dass er versucht, Einschränkungen zu machen, ist verständlich. Soll er etwa öffentlich zugeben, dass er betrogen hat? Das machen doch nicht einmal erwachsene Politiker. Wer jetzt als Lehrer auf Kevin noch weiter verbal einschlägt, demütigt ihn vor seinem Vater und zieht sich beider Zorn zu. Alle wissen, was Kevin getan hat und dass es nicht in Ordnung war.

Das Problem des lockeren Liberalen ist, zwei Dinge miteinander zu verwechseln oder zumindest so zu tun. Er hält alles, was sich Kinder aus Bequemlichkeit wünschen, für ihr verbrieftes Recht. Diese Verwechslung sitzt bei ihm manchmal so tief, dass er unangenehm werden kann und damit droht, sich zu beschweren. Falls er sich dabei im Ton vergreift, ist der Punkt erreicht, an dem die Freundlichkeit des Lehrers endet. Natürlich wird er nicht in gleichem Maße unverschämt, er schreit nicht, er schimpft nicht, er droht nicht, weil er ein Profi ist und weiß, dass solche unangenehmen Dinge leider zum Tagesgeschäft gehören. Aber er beendet das Gespräch und verweist auf die Schulleitung. Der richtige Satz hierfür ist:

 »Es tut mir leid, ich kann nichts mehr für Sie tun.
Bitte wenden Sie sich an die Schulleitung.«

Sie sollten höflich, ruhig und nett sein – aber nur bis zu einem bestimmten Punkt. Niemand kann von Ihnen verlangen, sich beleidigen zu lassen. Wenn Eltern persönlich werden und unter die Gürtellinie schlagen, ist es Zeit, das Gespräch zu beenden.

Der lockere Liberale sieht natürlich auch die Schulpflicht eher als Vorschlag, dem man folgen kann oder auch nicht.

LL: Wir möchten Kevin im März ein paar Tage früher aus der Schule nehmen.
Lehrer: Warum das?
LL: Auf diese Weise wird unsere gebuchte Reise deutlich günstiger.
Lehrer: Aber dann verpasst er fast eine Woche Schule.
LL: Deswegen sage ich Ihnen das ja jetzt schon. Ich möchte, dass Sie für ihn die Sachen kopieren, die Sie dann behandeln. Die kann er dann ja in den Osterferien machen.
Lehrer: Einverstanden.

Unter uns: Wer die Schulpraxis kennt, hat solche oder ähnliche Dialoge schon einmal selbst gehört. Die Antwort des Lehrers auf solch eine Anfrage ist einfach: Auf keinen Fall darf der Eindruck entstehen, man könne auf den Unterricht verzichten und stattdessen ein paar Arbeitsblätter durcharbeiten. Außerdem ist wenig wahrscheinlich, dass Kevin seine Zeit auf Mallorca wirklich damit verbringen wird, schulische Arbeitsaufträge zu erfüllen. Deshalb empfiehlt sich eine andere Gesprächsführung:

LL: Deswegen sage ich Ihnen das ja jetzt schon. Ich möchte, dass Sie für ihn die Sachen kopieren, die Sie dann behandeln. Die kann er dann ja in den Osterferien machen.
Lehrer: Ich kann leider nicht im Voraus sagen, was wir dann genau machen werden, und ich habe auch nicht die Zeit dazu, alles für Kevin vorzubereiten. Unabhängig davon glaube ich, dass er in dieser Zeit wichtige Dinge versäumen wird. *Ich* kann sein Fehlen nicht befürworten, vielleicht kann es die Schulleitung.

Für längere Unterrichtsbefreiungen ist sowieso die Schulleitung zuständig, aber es ist notwendig, dass der Lehrer hier deutlich macht, wie wichtig *sein* Unterricht ist. Falls die Schulleitung anders entscheidet, kann sie das tun. Aber es gibt keinen Grund, den eigenen Unterricht abzuwerten, indem man indirekt ausdrückt, man könne problemlos auf ihn verzichten. Vielmehr sollte man Eltern immer wieder vor Augen führen: 50 Prozent des Schulerfolgs basieren auf der schlichten Anwesenheit, die anderen 50 Prozent kommen durch zusätzliche Arbeit.

Eltern versuchen nicht nur wegen günstigerer Reisetermine, ihre Kinder aus der Schule zu nehmen. Häufig sind es kürzere Fehlzeiten, die der lockere Liberale für sein Kind zu entschuldigen sucht, z. B. um einen Hund aus dem Tierheim zu holen, eine Freundin zu trösten oder sich ein Piercing machen zu lassen.

Lehrer:	Ich sorge mich, weil Chantal so häufig fehlt.
LL:	Ja, es ging ihr nicht so gut, sie ist so empfindlich.
Lehrer:	Ich weiß, aber sie versäumt dadurch wichtigen Stoff.
LL:	Sie lässt sich immer die Aufgaben von Nicole mitbringen.
Lehrer:	Das ist gut, ersetzt aber nicht den Unterricht. Denn durch ihr Fehlen versäumt sie wichtigen Stoff.

Hier kommt wieder die Endlosschleife ins Spiel: Wer in der Schule fehlt, der versäumt wichtigen Stoff. Das muss bestimmten Eltern immer wieder gesagt werden. Der lockere Liberale ist manchmal allerdings so geschickt, dass er das Schwänzen seines Kindes sogar zugibt, dafür aber eine Vergünstigung fordert.

LL:	Ich geb ja zu, Kevin hat am letzten Freitag die Schule geschwänzt.
Lehrer:	Ich freue mich über diese ehrliche Aussage.
LL:	Ich halte nichts davon, zu sagen, er sei krank gewesen oder so was.
Lehrer:	Das ist eine gute Entscheidung.
LL:	Deswegen meine ich, dass er für das Schwänzen nicht bestraft werden sollte.

Haben Sie es gemerkt? Ein ganz raffinierter Trick. Kevin begeht einen Verstoß, die Eltern gestehen diesen ein und verlangen im Gegenzug dafür, dass ihr Sohn nicht bestraft wird. Das geht natürlich nicht, sondern mit dem Eingeständnis muss einhergehen, auch die Konsequenzen seines Verhaltens zu tragen. Anderenfalls könnte jeder, der gestohlen und das Geld verprasst hat, hinterher gestehen und dafür erwarten, dass die Strafe entfällt. Man muss also Kevins Vater klarmachen, dass das Eingeständnis eines Fehlverhaltens dieses nicht ungeschehen macht.

Fazit: Höflich, aber bestimmt muss der lockere Liberale darauf hingewiesen werden, dass bestimmte Verhaltensweisen in der Schule nicht toleriert werden können. Er wird es kaum verstehen, trotzdem sollte er darüber informiert werden, wie pädagogisch unsinnig es ist, Kindern alles zu erlauben, was sie wollen. Auf keinen Fall sollte man sich persönliche Angriffe bieten lassen, sondern in einem solchen Fall das Gespräch sofort abbrechen.

Machen Sie dem lockeren Liberalen deutlich, dass sein Kind durch jedes Fehlen wichtigen Unterricht versäumt, den man nicht »einfach so« nachholen kann.

3. Zusammenfassung

Der Umgang mit schwierigen Eltern ist ein wesentlicher Teil des Lehrerberufs geworden. Das liegt nicht zuletzt daran, dass viele Eltern in Bezug auf die Erziehung ihres Kindes verunsichert sind und glauben, alles richtig zu machen, wenn sie ihrem Kind jeden Wunsch erfüllen und es vor der bösen Schule in Schutz nehmen. Da es sich jedoch selbst bei den wohlmeinendsten Eltern fast immer um pädagogische Laien handelt, bedürfen sie der indirekten Führung durch die Lehrkraft.

Um die Eltern einerseits dazu zu bringen, das Wohl ihres Kindes zu erkennen, andererseits aber Ihre Nerven zu schonen:

► Geben Sie nicht Ihre private Telefonnummer und schon gar nicht Ihre Handynummer heraus.
► Übernehmen Sie möglichst bald die Gesprächsführung und stellen *Sie* Fragen an Eltern und Schüler, anstatt sich zu rechtfertigen.
► Lassen Sie sich nicht auf eine Diskussion mit Münchis Mutter darüber ein, ob ihr Kind die Wahrheit sagt.
► Gehen Sie nicht auf Vergleiche mit anderen Schülern ein, die Sie angeblich besser behandeln.
► Seien Sie restriktiv mit Ausnahmen für bestimmte Schüler.
► Bleiben Sie verbindlich, aber geben Sie nicht nach.
► Vorsicht bei Schmeicheleien! Dafür werden oft Gegenleistungen erwartet.
► Lassen Sie nicht Eltern, die keine gewählten Elternvertreter sind, für viele Eltern sprechen. Jeder spricht nur für sich und sein Kind.
► Die schulischen Regeln gelten für alle Schüler. Selbst wenn einmal ein Verstoß übersehen wird, ist das kein Grund, andere Verstöße zu ignorieren.
► Es reicht, wenn Ihre Botschaft bei Eltern (und Schülern) ankommt. Verlangen Sie hinterher nicht noch Demutsgesten.

IV. Führen von Kollegen

DER HÄUPLING WEISS IMMER, WO'S LANGGEHT

1. Grundsätzliches

Nicht nur Schüler und Eltern haben sich in den letzten Jahrzehnten in ihrem Verhalten geändert, sondern auch die Lehrer. Sie sind weniger autoritätsgläubig als noch vor 20 Jahren und benötigen deshalb in der Regel eine andere Art von Führung. Besonders schwierig ist es für die Leiter der Fachschaften (Fachobleute) oder von Arbeitsgruppen, da sie, was die Kollegen nur allzu gut wissen, juristisch keine Vorgesetzten sind. Trotzdem sollen sie leiten, und zwar nur über kollegiale »Beratung«.

Im Gegensatz dazu kann ein Schulleiter auch heute noch durch direkte Anweisungen führen, und in einigen Fällen wird es sich nicht vermeiden lassen. Aber er wird dadurch nicht selten Unzufriedenheit auslösen. Von daher empfiehlt sich für die Führung von Kollegen zunächst der indirekte Führungsstil. Erst wenn dieser ignoriert wird, bietet sich die direkte Führung an.

 Die hohe Kunst der Führung ist es, andere Menschen dazu zu bringen, auch das zu wollen, was Sie wollen.

Schaut man sich die problematischen Kollegen einer Schule genauer an, so sind es vielfach Kollegen, die früher einmal sehr engagiert waren, jetzt aber oft enttäuscht und verbittert sind und sich (innerlich) verweigern. Um diese »innere Emigration« aufzulösen, ist es hilfreich, eine gute Stimmung zu erzeugen und ihnen das Gefühl zu geben, sich für sie und ihre Belange zu interessieren.

Letzteres kann man z. B. dadurch bewirken, dass man ihnen zum **Geburtstag** gratuliert, was Frauen meistens noch wichtiger ist als Männern. Selbst wenn der Geburtstag nicht jedes Jahr überschwänglich gefeiert wird, ist er ähnlich bedeutsam wie der eigene Name. Wer diesen wichtigen Tag im Gedächtnis hat und dem Betreffenden dazu gratuliert, der interessiert sich für ihn. Das wird honoriert. Deshalb gehört es zu den Hausaufgaben von Führungskräften, sich die Geburtstage seiner »Untergebenen« so zu notieren, dass man sie nicht vergessen kann.

 Gratulieren Sie denen, die Sie führen, zum Geburtstag.

Besonders wirksam ist es, wenn Sie, ohne unsicher nachzufragen (»Hatten Sie nicht Geburtstag?«), dem Betreffenden an seinem Geburtsdatum gratulieren. Ausgesprochen schlechter Stil ist es hingegen, sich zwar am ausgegebenen Kuchen zu bedienen, nicht aber dem Geburtstagskind zu gratulieren. Wer meint, er habe hierfür keine Zeit oder es sei nicht so wichtig, der setzt als Führungskraft die falschen Prioritäten.

Der zweite Punkt, mit dem Sie leicht Sympathie gewinnen können, ist die Frage nach den Kindern. Jedem, der Kinder hat, liegt deren Wohl am Herzen. Die zweite Hausaufgabe für Führungskräfte liegt also darin, Geburtsjahr und Geschlecht der Kollegenkinder zu notieren. Was meinen Sie, welch positiven Eindruck Sie erzielen, wenn Sie zum Beginn eines Gespräches den Kollegen fragen: »Was macht eigentlich Ihre älteste Tochter? Die müsste doch bald in die Schule kommen, oder?« So schnell (und so einfach) können Sie kaum anders bei den Kollegen Pluspunkte sammeln.

Der letzte Punkt betrifft die schon vorne angesprochene – unbezahlbare – Fähigkeit, gute Laune zu verbreiten. Dies ist heute wichtiger denn je, denn früher galt noch der schöne Grundsatz: »Der Lehrer hat vormittags recht und nachmittags frei.« Heute, im Zeichen von Ganztagsschulen und selbstbewussten Schülern und noch selbstbewussteren Eltern, gilt weder das eine noch das andere. Die Kollegen, mit denen Sie zu tun haben, sind folglich extrem beansprucht. Diese empfundene Belastung lässt sich jedoch deutlich mindern, sobald gute Laune in der Arbeitsgruppe, der Fachschaft oder im Kollegium herrscht.

Leider unterschätzen viele ansonsten recht kompetente Führungskräfte die Bedeutung dieses Faktors. Sie haben das Gefühl, durch das Verbreiten von guter Laune zum Animateur eines Ferienclubs degradiert zu werden. Sie sollten sich aber klarmachen, dass Menschen sogar körperlichen Schmerz besser ertragen können, wenn sie vorher einen lustigen Film gesehen haben. Daraus folgt: Eine Führungskraft, die ihre Kollegen mit einem deutlichen Lächeln begrüßt oder sie zum Lachen bringen kann, hat es viel leichter, auch unangenehme Botschaften zu verkünden.

Von Zeit zu Zeit werden Sie als Schulleiter oder Leiter einer Fachschaft mit Beschwerden über Kollegen konfrontiert, auf die Sie reagieren müssen. Vielleicht in dieser Weise?

Vater: Ich rufe Sie heute an, weil es Probleme mit Herrn Rotte gibt und Sie durch Ihren Einfluss auch schon den Eltern Meier helfen konnten.

Schulleiter: Was kann ich denn für Sie tun?

Vater: Es ist mir unangenehm, das zu sagen, aber Herrn Rottes letzte Englischarbeit war unfair.

Schulleiter: Wieso das?

Vater: Er hat Sachen abgefragt, die im Unterricht nicht behandelt wurden. Nicht nur mein Sohn Kevin, sondern fast jeder in der Klasse hat schlecht abgeschnitten.

Schulleiter: Keine Sorge, ich werde mich gleich darum kümmern.

Vater: Noch eine Sache. Ich möchte nicht, dass Sie Herrn Rotte gegenüber meinen Namen nennen. Ich fürchte, Kevin könnte das zu spüren bekommen.

Wird der Schulleiter diese Beschwerde vertraulich behandeln? Das kommt darauf an. Bei einigen Schulleitern funktioniert das, und zwar bei denen, die fehlten, als das Rückgrat verteilt wurde, und die stattdessen nur eine flexible Wirbelsäule erhielten. Ein Schulleiter, der auf diesen Wunsch des Vaters eingeht, unterstellt nämlich damit dem Kollegen, er könnte tatsächlich so unfair handeln, und gibt das dem Vater gegenüber auch (indirekt) zu.

Solche Führungskräfte haben nicht begriffen: Die Führung von Kollegen umfasst auch die Fürsorge für sie. Deshalb ist es die Pflicht einer verantwortlichen Leitung, sich zuerst einmal hinter die ihr anvertrauten Lehrkräfte zu stellen.

Etwas anderes würde nur gelten, falls der Kollege schon mehrfach dadurch aufgefallen wäre, Kinder, deren Eltern sich beschwert haben, schlechter zu stellen. Solange dies nicht der Fall ist, sollte fairerweise die »Unschuldsvermutung« auch zugunsten der Integrität des Kollegen gelten.

Bei einem standfesten Schulleiter könnte das Gespräch so ablaufen:

Vater: Ich rufe Sie heute an, weil es Probleme mit Herrn Rotte gibt und Sie durch Ihren Einfluss auch schon den Eltern Meier helfen konnten.

Schulleiter: Was kann ich denn für Sie tun?

Vater: Es ist mir unangenehm, das zu sagen, aber Herrn Rottes letzte Arbeit war unfair.

Schulleiter: Wieso das?

Vater: Er hat Sachen abgefragt, die im Unterricht nicht behandelt wurden. Nicht nur mein Sohn Kevin, sondern fast jeder in der Klasse hat schlecht abgeschnitten.

Schulleiter: Haben Sie darüber schon mit Herrn Rotte gesprochen?

Vater:	Nein, das möchte ich nicht. Ich fürchte, dass er meine Beschwerde an Kevin auslässt. Deshalb möchte ich, dass Sie mit ihm sprechen, ohne meinen Namen zu nennen.
Schulleiter:	Es tut mir leid, aber wenn ich nicht sagen darf, von wem die Informationen stammen, kann ich nichts für Sie tun.
Vater:	Ich kann nicht glauben, dass Sie diesem Vorfall nicht nachgehen wollen.
Schulleiter:	Sie verstehen sicher, dass ich den Kollegen nicht mit anonymen Anschuldigungen konfrontieren kann. Das wäre schlechter Stil. Ich schlage vor, Sie sprechen zuerst direkt mit Herrn Rotte. Falls das Gespräch zu keinem Ergebnis führt, will ich mich gerne der Sache annehmen.

Sie als schulische Führungskraft, die für andere Kollegen verantwortlich ist, sollten sich nicht vorschnell auf die Seite der Eltern schlagen. Selbst wenn das gerade in Mode ist und dem Ego schmeichelt, schon bei kleinsten Problemen angesprochen und um Hilfe gebeten zu werden. Machen Sie sich klar, dass die Eltern Ihnen gezielt schmeicheln, damit Sie für ihr Kind aktiv Partei ergreifen. Das aber sollten Sie nicht als Ihre Hauptaufgabe sehen, sondern Sie sind der Unparteiische, der Schiedsrichter. Als solcher greifen Sie nicht bei jeder Kleinigkeit ein, denn das würde Ihrer herausgehobenen Position nicht gerecht werden. Sie schalten sich erst ein, wenn Gespräche auf der untergeordneten Ebene geführt wurden, aber ergebnislos geblieben sind.

 Sie sind nicht parteiisch, sondern der Schiedsrichter, der erst entscheidet, wenn die unteren Instanzen ausgeschöpft sind.

Was würden Sie von einem Schiedsrichter halten, der ein Fußballspiel bei jeder Kleinigkeit unterbricht, z. B. weil einem Spieler der Schnürsenkel aufgegangen ist und er sich darüber beschwert, nun nicht mehr laufen zu können, ohne zu stolpern? Zu Recht würden Sie das ständige Eingreifen nicht als Führungsstärke, sondern als Zeichen von Schwäche sehen, weil der Betreffende nicht zwischen Wichtigem und Unwichtigem unterscheiden kann.

Es ist ein Missverständnis frisch berufener schulischer Führungskräfte, zu glauben, sie könnten sich Ansehen verschaffen, indem sie sich auch um die winzigsten Problemchen kümmern. Das sollten Sie nicht tun. Denn Sie sind der Ansprechpartner für die wirklich wichtigen Fälle, weil Sie wenig Zeit haben und ein solches Sich-um-alles-Kümmern schnell zum Zeitfresser wird. Ein Grundsatz des effektiven Führens lautet: **Jeder löst die Probleme auf seiner Ebene.** Und wenn ein Schüler bzw. dessen Vater Probleme mit dem Kollegen Rotte hat, dann soll er zuerst versuchen, sie auf genau dieser Ebene zu lösen.

Für Lehrer gibt es aus gutem Grund den Dienstweg, der zwingend einzuhalten ist. Gleiches sollte auch für Schüler und Eltern gelten. Erst kommt der Fachlehrer, dann je nach Anliegen der Klassenlehrer, der Leiter der Fachschaft oder der Beratungslehrer – und erst danach wird der Schulleiter mit dem Problem behelligt. Seine regulären Ansprechpartner sind nicht einzelne Eltern, sondern die Vertreter des Elternrats (der Schulelternschaft).

Zudem hat jeder Lehrer ein Recht darauf, zu erfahren, welche Eltern mit seiner Entscheidung nicht einverstanden sind. Nicht, damit er sich an dem Kind rächen kann, sondern um auf konkrete Vorwürfe auch konkret zu antworten und zu beurteilen, wie fundiert die Informationen sind. Für Eltern ist es leicht (und feige), eine Beschuldigung vorzubringen, die anonym bleibt. Es ist somit Ihre Aufgabe als Schiedsrichter, für einen fairen Ablauf des Spiels zu sorgen, was bedeutet, dass beide Seiten die gleichen Chancen, d. h. die gleichen Informationen, haben müssen.

Ihre Hauptaufgabe besteht nicht darin, die Kollegen vor den bösen Eltern zu schützen, jedoch ebenfalls nicht darin, Eltern vor den bösen Kollegen zu schützen. Einfach deshalb, weil weder Eltern noch Kollegen grundsätzlich böse sind und als erwachsene Menschen von Ihnen geschützt werden müssten. Sowohl die meisten Eltern als auch die meisten Kollegen sind in Ordnung und können sich an einen Tisch setzen und zunächst miteinander reden, bevor Sie als Führungskraft irgendwann einmal ins Spiel kommen, um eine Entscheidung zu treffen.

2. Typen von Kollegen

Auch bei den Kollegen lässt sich eine ähnlich grobe Typisierung vornehmen wie bei den Schülern, allerdings mit einer vierten Gruppe. Es gibt etwa

► 10 Prozent Top-Lehrer
► 60 Prozent Solide
► 20 Prozent Bequeme
► 10 Prozent Kritiker

2.1 Die Top-Lehrer

Sie sind selten und machen nur einen Bruchteil des Kollegiums aus. Bei einem angenommenen Kollegium von 50 Lehrkräften sind es im Schnitt vier (oder fünf), die dieses Kriterium erfüllen. Sie sind in der Regel die Lieblingslehrer vieler Schüler, was man daran merkt, dass viele Eltern ihre Kinder von diesen Kollegen unterrichten lassen wollen. Auch vom übrigen Kollegium werden sie wegen ihrer Kompetenz, Freundlichkeit und Zuverlässigkeit geschätzt. Sie sind in der Regel unabhängig und suchen nicht die Nähe zur Schulleitung, um bevorzugt behandelt zu werden. Verlässt ein Top-Lehrer eine Schule, so entsteht eine spürbare Lücke, die nicht einfach mit einem anderen guten Lehrer geschlossen werden kann. Top- Lehrer wollen Selbstständigkeit und – wie andere Lehrer auch – Anerkennung. Sie sind wahre Künstler ihres Faches, was sie auch wissen. Und wie jeder Künstler benötigen sie von Zeit zu

Zeit Applaus. Dies sollte man nicht vergessen, wenn man solche Kollegen auf Dauer erfolgreich führen will.

2.2 Die Soliden

Sie bilden die Basis des täglichen Schulbetriebs. Sie arbeiten hart, sind verlässlich und sorgen für Konstanz. Anders als bei den Top-Lehrern sind sie im Falle eines Ausscheidens durch andere gute Lehrer problemlos zu ersetzen. Trotzdem sollte man sie nicht gering schätzen, denn sie sind für die alltägliche Routine unverzichtbar. Da diese Kollegen den Großteil stellen, ist es wichtig, sie auf seiner Seite zu haben. Zwar kooperieren sie und unterstützen grundsätzlich die jeweilige Führungskraft, aber eben nur grundsätzlich. Mehrere schwere Führungsfehler können sie, wie die Top-Lehrer auch, dazu bewegen, die Seite zu wechseln. Sie entsprechen damit ungefähr den »Wechselwählern« unter den Schülern und sollten neben den Top-Lehrern in Ihre Entscheidungsfindung mit einbezogen werden, um Ihnen bei kritischen Entscheidungen möglichst breite Unterstützung zu sichern.

2.3 Die Bequemen

Diese Kollegen sind leicht zu ersetzen, und die Chancen, jemanden zu bekommen, der besser ist, sind nicht schlecht. Die Bequemen produzieren Schwierigkeiten, weil sie fachlich schwach oder faul, im schlimmsten Fall aber beides sind. Ihr Unterricht ist regelmäßig wenig effektiv, und auch der Umgang mit Schülern und Eltern lässt zu wünschen übrig. Nicht selten verlassen sie ihre Klassen für längere Zeit, um für die Klassenarbeit der nächsten Stunde noch etwas zu kopieren oder einen Kaffee zu trinken. Darauf angesprochen, sind sie nie um eine Ausrede verlegen, wobei die Selbstständigkeit der Schüler ihr höchstes Ziel ist. Schließlich meinen sie, dadurch rechtfertigen zu können, die Schüler einfach sich selbst zu überlassen. Die Bequemen klagen zwar ständig über die Schule, verlassen sie aber nicht, weil sie hier materiell gut versorgt sind – und das bei geringem Aufwand.

Die anderen Kollegen bekommen davon meist nicht viel mit, weil die Bequemen geschickt darin sind, nach außen ein völlig anderes Bild von sich zu zeichnen. Hört man sie im Lehrerzimmer reden, so denkt man unwillkürlich: »Wow!« Denn regelmäßig stellen sie heraus, wie hart sie gegen Nachlässigkeiten vorgehen, wie fordernd ihr Unterricht ist, wie streng sie zensieren, aber wie schwach die Schüler und wie unverschämt deren Eltern mit unberechtigten Forderungen sind. Kurz, wer neu an der Schule ist, der könnte glauben, er habe Top-Lehrer vor sich. Fairerweise muss man sagen, dass die Bequemen in der Regel sympathisch auftreten und gesellig sind, denn das bewahrt sie davor, von den Kollegen allzu hart kritisiert zu werden.

2.4 Die Kritiker

Sie sind in der Regel weder faul noch fachlich schwach. Die Schwierigkeiten, die sie verursachen, liegen meist tiefer. Oft handelt es sich um Kollegen, die mit sich und der Welt unzufrieden sind. Sie mögen weder ihre Schüler noch ihren Beruf, sehen alles negativ, manchmal sogar zynisch, sind wenig flexibel und kaum kompromissbereit. Erstaunlicherweise waren die meisten dieser Kollegen früher einmal engagierte Lehrer, bis es eine große Enttäuschung gab. Das kann ein persönlicher Schicksalsschlag, eine verpasste Beförderung, aber auch die Enttäuschung darüber sein, dass Schüler und Schule als Institution die hohen Erwartungen der Betreffenden nicht erfüllen konnten.

Dies alles ist nachvollziehbar, aber selbst die vehementesten Kritiker ziehen nicht die logische Konsequenz, sich einen anderen Beruf zu suchen, sondern bleiben da, wo sie gut versorgt sind. Dort versuchen sie, alles zu torpedieren. Deshalb darf die kleine Gruppe der destruktiven Kritiker nicht zu Meinungsführern werden. Vielmehr gilt es, ihren negativen Einfluss um jeden Preis zu reduzieren. Wie man das macht, folgt etwas weiter hinten.

Als Führungskraft sollten Sie bei Ihren Entscheidungen zu zentralen Themen die beiden letzten Gruppen (Bequeme und Kritiker) *nicht* berücksichtigen, weil sie dazu tendieren, alles zu sabotieren, was ihnen nicht direkt zum Vorteil gereicht.

Lassen Sie uns für mögliche Lösungsansätze die beiden letzten Gruppen zunächst einmal als »schwierige Kollegen« zusammenfassen, wobei im Bedarfsfall zwischen beiden Gruppen unterschieden wird.

3. Führen in kritischen Situationen

3.1 Umgang mit schwierigen Kollegen

Lassen Sie uns zum Beginn dieses Kapitels einmal ganz optimistisch an das Problem herangehen. Alle oben aufgezählten negativen Charakterzüge kann man ändern, wenn man will – oder wenn man nachdrücklich dazu aufgefordert wird. Sicher ist es nicht möglich, die Persönlichkeit von Fünfzigjährigen umzukrempeln, aber man kann dafür sorgen, dass sie sich zumindest in der Schule angemessen verhalten. Für Sie als schulische Führungskraft geht es folglich darum, schwierigen Kollegen eine **Wahl** zu **eröffnen:** Es liegt nicht »an den Umständen«, sondern ganz allein an ihnen selbst, wie sie sich verhalten und ob unangenehme Konsequenzen daraus resultieren.

Schwierige Kollegen zu einem anderen Verhalten zu bewegen ist unumgänglich, wenn sie schlechten Unterricht machen. Das ist nicht leicht, aber möglich. Beide Augen zuzudrücken wäre nicht vertretbar, weil die Zukunft von Kindern davon abhängt. Schließlich sind es nicht nur 20 oder 30, sondern an den weiterführenden Schulen etwa 150 Schüler, die an über 200 Tagen im Jahr von solchen Lehrern negativ beeinflusst werden. Und es ist nicht nur ein Jahr, sondern in der Regel sind es zwei lange Jahre, die Schüler mit solchen Kollegen überstehen müssen. Danach bekommen diese Lehrer neue Schüler, und die verhängnisvolle Wirkung geht wieder von vorne los.

Wegen dieses negativen Einflusses dürfen schwierige Lehrer nicht zu viel Macht bekommen. Mitspracherecht sollten hingegen die Kollegen erhalten, die Sie bei Ihren pädagogischen Zielen unterstützen. Es ist ein Irrglaube, zu meinen, man könne schwierige Kollegen »einbinden«, indem man sie mitentscheiden lässt. Wer die negativ-kritischen Äußerungen der schwierigen Kollegen wohlwollend berücksichtigt, der bestätigt ihre ablehnende Haltung und »belohnt« sie für ihre Opposition. Zugleich demotiviert dieses Entgegenkommen aber auch Ihre Unterstützer, die nämlich sehen, dass man mehr Aufmerksamkeit erhält, wenn man gegen etwas ist.

Die Frage, wie man mit schwierigen Kollegen umgeht, stellt sich nicht mehr, wenn man z. B. Fortbildungen an einer Schule auf freiwilliger Basis durchführt. Auf diese Weise haben Sie in der Regel die schwierigsten Lehrer nicht dabei, was das Klima entscheidend verbessert. Würde man sie dienstverpflichten, bestünde ihr Ziel vermutlich darin, die Veranstaltung zu boykottieren, um allen zu demonstrieren, wie überflüssig sie ist. Selbstredend wird aber die freiwillige Teilnahme bzw. Nichtteilnahme vermerkt und bei Beförderungen entsprechend berücksichtigt.

Falls Sie bei der Vorstellung neuer Projekte alle Kollegen dabeihaben wollen oder müssen, werden Sie immer einige Kollegen haben, die dagegen sind. Na und? Wollte man auf eine neue Idee verzichten, nur weil einige schwierige Kollegen nicht mitmachen, so gäbe man ihnen einen Einfluss, der überhaupt nicht gerechtfertigt ist. Die mäkelnde Minderheit würde dann nämlich darüber entscheiden, ob etwas stattfindet. Das sollten Sie vermeiden. Also werden Sie mit folgender Tatsache leben müssen:

 Sie werden nicht alle Kollegen auf Ihre Seite bekommen.

Das ist halt Ihr Schicksal als Führungskraft. Aber nehmen Sie es nicht zu ernst, sondern kümmern Sie sich verstärkt um diejenigen, die Sie unterstützen. Sobald es Ihnen gelungen ist, die Top-Lehrer und die Soliden auf Ihre Seite zu bringen, werden die meisten anderen folgen.

3.2 Gestufter Ablauf

Die gute Nachricht ist: Als etablierte Führungskraft müssen Sie nicht ständig herausstellen, wer die Führung hat. Denn im Grunde weiß jeder, dass Sie die Führungspersönlichkeit sind, sodass Sie dafür nur hin und wieder kleine Belege geben müssen. Für den Umgang mit schwierigen Kollegen bedeutet das: Sie müssen nicht schreien oder den Kollegen »runterputzen«, denn Ihr Wort hat per se Gewicht. Allerdings gibt es

Dinge, die Sie nicht durchgehen lassen sollten. Falls Sie so etwas bei schwierigen Kollegen feststellen, empfiehlt sich folgendes Vorgehen:
► 1. Schritt: Motivieren
► 2. Schritt: Unbequem werden
► 3. Schritt: Einfluss schwächen

1. Schritt: Motivieren

Auf den ersten Blick scheint es vergeblich zu sein, schwierige Kollegen motivieren zu wollen – und manchmal ist es das auch. Aber man sollte es noch ein letztes Mal versuchen, bevor man die Gangart verschärft. Denn nur, wenn man vor sich selbst sagen kann, ihnen eine faire Chance gegeben zu haben, fällt es leicht, belastende Maßnahmen zu ergreifen und zu begründen.

Unterstellt man, dass jeder Mensch positive Eigenschaften hat, dann trifft das ebenfalls auf die schwierigen Kollegen zu. Für diese positiven Eigenschaften kann man sie loben – und versuchen, diese Qualitäten verstärkt einzusetzen.

Unter uns: Schwierige Lehrer besitzen häufig ein geringes Selbstwertgefühl, selbst wenn sich dies nach außen ganz anders darstellt. Diese Einstellung positiv zu verändern ist ein wichtiger Schritt, um solchen Kollegen das Gefühl der Wertschätzung zu vermitteln.

Dafür kann man ihnen **Verantwortung übertragen,** was nicht mit Macht oder Einfluss zu verwechseln ist. Verantwortung kann eine starke Motivationsquelle für schwierige Lehrer sein, weil sie sich oft verkannt fühlen und dieses Gefühl seit Jahren mit sich herumtragen. Leider wird ihnen häufig Verantwortung abgenommen, wodurch ihr problematisches Verhalten indirekt belohnt wird. Da die Schulleitung jegliche Art von Auseinandersetzungen vermeiden möchte, bekommen sie pflegeleichtere Klassen und werden von zusätzlichen Aufgaben verschont. Warum also sollten sie ihr Verhalten ändern? Ihr Leben ist doch bequem. Ihre Freude darüber ist aber nicht ungetrübt, da sie begreifen, dass man sie so behandelt, weil man ihnen wenig zutraut.

Als ungewollte Nebenwirkung werden die Kollegen, die korrekt arbeiten, immer stärker belastet. Und zwar so lange, bis auch die Willigsten unter ihnen anfangen, unter der Last zu leiden und unwillig zu werden. Denn natürlich durchschauen sie, warum sie, die Korrekten, mehr oder härter arbeiten müssen, was sie als ungerecht empfinden.

Die Fürsorge für die Soliden ist aber nur ein Grund, warum man schwierigen Lehrern das gleiche Maß an Verantwortung übertragen sollte. Der andere besteht darin, dass die Übertragung von größerer Verantwortung das Selbstbewusstsein stärken und so eine positivere Einstellung zur Schule auslösen kann. Auch hier gilt: Es gibt keine Garantie, aber es ist einen Versuch wert.

Die Übertragung von Verantwortung für einen Bereich oder ein Projekt ist eine Form, Aufgaben zu delegieren, und damit eine zentrale Fähigkeit der Führung. Die wichtigste Frage ist dabei: Was sollte man delegieren? Ganz einfach: Das, was jeder andere genauso gut kann wie man selbst. Ich höre schon Ihren Einwand und weiß, niemand kann so gut Listen führen wie Sie; aber Sie wissen hoffentlich, was ich meine. Man sollte das delegieren, was jeder andere *fast* genauso gut kann wie Sie. Diese Grundregel gilt auch in Bezug auf die Top-Lehrer. Ihnen sollte man wirklich nur die Aufgaben übertragen, die sonst keiner im Kollegium in den Griff bekommt.

Für schwierige Kollegen ist es deshalb sinnvoll, ihnen die Verantwortung für einfache Tätigkeiten oder für soziale Veranstaltungen zu übertragen, z. B. das nächste Schulfest oder den nächsten Kollegiumsausflug. Die Tatsache, dass die anderen Kollegen wissen, wer hierfür verantwortlich ist, verstärkt den Wunsch, diese Aufgabe ordentlich zu lösen und dafür **Anerkennung** zu bekommen. Die entscheidende Frage an solche Kollegen lautet: »Schaffen Sie das?« Erfreulicherweise gibt es nur wenige, die in einer solchen Situation mit Nein antworten.

Damit wir uns nicht missverstehen: Es geht nicht darum, den schwierigen Kollegen in Verlegenheit zu bringen oder ihn »vorzuführen«. Es geht darum, ihn außer der Reihe etwas schaffen zu lassen, für das man ihn öffentlich loben kann. Für Lob und Tadel gilt folgender Merksatz:

 Lob möglichst vor allen, Kritik immer unter vier Augen.

2. Schritt: Unbequem werden

Falls es trotz besten Willens nicht gelingt, schwierige Kollegen über Verantwortung und Bestätigung zu motivieren, sollte die nächste Stufe in Angriff genommen werden. Sie besteht darin, als Führungskraft unbequem zu werden, damit die schwierigen Kollegen sich unwohl fühlen. Denn solange sich die schwierigen Kollegen behaglich in ihrer Nische des unprofessionellen Verhaltens eingerichtet haben und dort nicht gestört werden, werden sie ihr Verhalten nicht ändern. Warum sollten sie auch?

Als Führungskraft sollten Sie nicht zulassen, dass schwierige Kollegen morgens gut gelaunt zur Schule kommen, den ganzen Tag über ihren Dienst fehlerhaft versehen und sich dabei auch noch wohlfühlen, bevor sie nachmittags wieder zufrieden nach Hause gehen. Ist das zu hart? Eigentlich nicht.

Sehen Sie es doch einmal so: Als Führungskraft müssen Sie tagtäglich Entscheidungen treffen, die mal den einen und mal den anderen Kollegen nicht gefallen werden. Allerdings ist es sinnvoll, vorher zu differenzieren: Entschlüsse, die Ihren Top-Lehrern und Ihren Soliden nicht gefallen würden, sollten Sie noch einmal auf ihre Notwendigkeit hin überprüfen und mit ihnen besprechen, um sie in die Entscheidung einzubeziehen.

Entscheidungen jedoch, die den schwierigen Kollegen nicht gefallen werden, müs-

sen Ihnen kein Kopfzerbrechen bereiten. Auch brauchen Sie die aus dieser Ecke geäußerten Bedenken und Gegenargumente nicht ernst zu nehmen. Denn wir können
vermuten, was dahintersteckt: Die bequemen Kollegen fürchten lediglich, in ihrer
komfortablen Ruhezone aufgescheucht zu werden.

Die Ungemütlichkeit kann man stufenweise erhöhen. Das bedeutet vor allem eine
höhere Kontrolle. Normalerweise lässt man die Kollegen selbstständig und ohne ge-
naue Kontrolle arbeiten, was immer dann gerechtfertigt ist, wenn die Ergebnisse gut
sind. Gerade dies ist aber bei schwierigen Lehrern nicht der Fall, ihr Verhalten entspricht in einem oder sogar mehreren Punkten nicht dem, was von einem Lehrer ge-
fordert wird.

Falls Sie Schulleiter sind, könnten Sie als »Gegenwirken« Folgendes tun:

▶ Gehen Sie regelmäßig während der Pausen ins Lehrerzimmer, um negatives Gerede
zu unterbinden. Allein Ihre Präsenz wird sich mäßigend auswirken. Denken Sie immer an den Polizeiwagen und die erstaunliche Wirkung, die allein von Ihrer Nähe
ausgeht (S. 85). Im Lehrerzimmer wird nicht nur über Schüler, Eltern oder Kollegen
hergezogen, sondern auch über die Schule als solche. Das sollten Sie ab einem bestimmten Punkt nicht unwidersprochen durchgehen lassen. Wer ständig nur jam-
mert und schlechte Laune verbreitet, muss sich fragen lassen, warum er denn den
Beruf nicht wechselt, wenn alles nur gräulich und abscheulich ist.

▶ Ein Schulleiter, der die gesamte Pause im Lehrerzimmer verbringt, sieht zudem, wer
schon vor dem eigentlichen Pausenbeginn aus dem Unterricht ins Lehrerzimmer
kommt und wer sich nach dem Klingeln immer noch dort aufhält, obwohl sein Unterricht längst begonnen hat. Reagieren Sie einmal mit dem Lehrerblick (S. 18). Falls
das nicht wirkt, sprechen Sie den Kollegen darauf an.

▶ Auch die Bitte, Klassenarbeiten bzw. Klausuren vorzulegen, kann Wunder wirken.
Sie brauchen ja nicht alle Arbeiten durchzusehen, Stichproben genügen. Und wie
Sie diese auswählen, ist ganz allein Ihre Entscheidung. Wenn Sie zudem noch anordnen, das Rückgabedatum von schriftlichen Arbeiten im Klassenbuch zu vermer-
ken, wird es für nachlässige Kollegen richtig ungemütlich: Sie müssen jetzt nämlich
entweder zügig arbeiten und die Arbeiten in der vorgegebenen Frist zurückgeben
(unbequem) oder eine Urkundenfälschung begehen (riskant).

Sie sehen also, es gibt eine Reihe von Möglichkeiten, um auf legalem Weg den schwierigen Kollegen zwei Möglichkeiten anzubieten: Entweder passen sie sich an und arbeiten so, wie Sie es von einem Lehrer erwarten, oder sie müssen mit verstärkter Kontrolle rechnen.

Damit wir uns nicht missverstehen: Das Ziel ist nicht, die Beziehung zu den schwierigen Kollegen abzubrechen, sondern sie (wieder) auf den richtigen Weg zu bringen
und ihnen letztlich zu mehr Anerkennung zu verhelfen.

3. Schritt: Einfluss schwächen

Falls selbst über ungemütliches Verhalten die schwierigen Kollegen nicht mehr auf Kurs zu bringen sind, sollte man ihren kritisch-destruktiven Einfluss schwächen, indem man sie isoliert. Es geht darum, dass sie in der Schule nicht die Führung übernehmen und andere mitreißen. Dies gilt besonders für die informellen Führer, deren Einfluss gemindert werden muss, indem man die Zahl ihrer Anhänger reduziert. Das geht ganz gut, weil schwierige Lehrer keine angenehmen Persönlichkeiten sind. Trotzdem beherrschen sie zwischenmenschliche Techniken, die sie gezielt einsetzen, allerdings nicht bei Schülern und Eltern, weil sie diese nicht mögen.

Aber schwierige Kollegen suchen und finden den Kontakt zu anderen schwierigen Lehrern. Um dies nicht zu fördern, kann man dafür sorgen, dass schwierige Lehrer nicht zu den gleichen Zeiten Freistunden haben, in denen sie im Lehrerzimmer gemeinsam über die Schule herziehen können. Allerdings braucht man die gegenseitige Unterstützung schwieriger Kollegen nicht übermäßig zu fürchten, weil sie nur temporär, aber nicht wirklich emotional begründet ist.

In öffentlichen Diskussionen wie Konferenzen sollte man sich nicht auf einen persönlichen Schlagabtausch einlassen. Vielmehr sollte man die Top-Lehrer und die Soliden um ihre Meinung bitten und sie etwas dazu sagen lassen. Im Bedarfsfall kann man die vernünftigen Kollegen unterstützen, indem man auf Wortmeldungen der schwierigen Kollegen mit »Killersätzen« reagiert. Die heißen so, weil sie einerseits die sachliche Auseinandersetzung beenden und andererseits darauf zielen, die Gegenseite mundtot zu machen. Die platteste Form wäre: »Das ist doch Blödsinn!«, aber so plump sollte man es nicht machen. Die raffinierteren Varianten hören sich dann so an:

▶ In der Theorie klingt das ja ganz gut, aber in der Praxis …
▶ Das meinen Sie doch nicht im Ernst, oder?
▶ Ich sehe das etwas differenzierter:
▶ Das klingt ja ganz gut, aber …
▶ In Wirklichkeit ist es doch so, dass …
▶ Das ist doch schon längst überholt.
▶ Hat sich der Vorschlag schon mal irgendwo wirklich bewährt?
▶ Wir sollten die Entwicklung der nächsten Zeit abwarten.
▶ Das haben wir schon vor Jahren erfolglos versucht.
▶ Dafür sollten wir einen Ausschuss unter Ihrer Leitung einsetzen.
▶ Das ist doch gar nicht unsere Aufgabe.
▶ In dieser Form ist das nicht umsetzbar.

3.3 Kritikgespräche

Falls sich Probleme mit schwierigen Kollegen nicht auf einer informellen Ebene lösen lassen, kommen Sie um ein »Kritikgespräch« nicht herum. Darin wird höflich, aber sehr bestimmt deutlich gemacht, wie der betreffende Kollege sich in Zukunft zu verhalten hat und welche Konsequenzen ihm drohen, falls er es nicht tut. Leider lassen sich viele Führungskräfte von ihrem berechtigten Zorn über ein erneutes Fehlverhalten des Kollegen zu vorschnellen Reaktionen hinreißen und vergeben dadurch taktische Vorteile, was das Gespräch merklich erschwert oder manchmal sogar scheitern lässt.

In welchen Fällen ist es geboten, ein Vieraugengespräch einzuleiten? Abgesehen von Bagatellverfehlungen bei ansonsten korrekten Kollegen, bei denen ein sichtbares Stirnrunzeln (vgl. den Lehrerblick, S. 18) genügen mag, gilt Folgendes: Wenn der Kollege weiß, dass Sie sein Fehlverhalten bemerkt haben, müssen Sie handeln. Denn wenn Sie daraufhin nichts unternehmen, geben Sie ihm indirekt zu verstehen, diese Art von Verstößen zu akzeptieren.

 Wer ein Fehlverhalten bemerkt und nicht handelt, der akzeptiert es.

Um ein optimales Ergebnis in Ihrem Sinne zu erzielen, ist es sinnvoll, die Gesprächsbedingungen nicht durch den schwierigen Kollegen vorgeben zu lassen, sondern selbst zu bestimmen, wann und wo gesprochen wird. Ich verstehe sehr gut den lernpsychologisch berechtigten Wunsch, den Kollegen möglichst bald für sein Fehlverhalten zur Rechenschaft zu ziehen. Wichtiger ist jedoch, dass Sie gut vorbereitet sind und sich wohlfühlen, der Kollege hingegen soll sich unwohl fühlen. Dies so offen zu sagen mag nicht opportun sein. Aber wir wollen ja das Verhalten eines beratungsresistenten schwierigen Kollegen ändern.

Abgesehen von einmaligen sehr schweren Verstößen, die natürlich ein sofortiges Eingreifen erfordern, wird das meiste Fehlverhalten immer wieder auftauchen. Deshalb besteht eigentlich keine übergroße Eile. Der beste Zeitpunkt ist also möglichst bald, aber nicht sofort. Selbst wenn der Kollege nach einem bemerkten Fehlverhalten darum bittet, Sie gleich sprechen zu können, sollten Sie nicht darauf eingehen. Denn sein Vorschlag zeigt, dass er sich schon geistig auf eine Auseinandersetzung vorbereitet hat, Sie aber noch nicht, z. B. weil Sie den Kopf mit anderen Dingen voll haben. Lehnen Sie kühl den Vorschlag ab, weil Sie im Moment keine Zeit haben, und bestellen Sie ihn zu einem späteren Termin, z. B. in der nächsten großen Pause.

Lassen Sie sich den Termin nicht ausreden, weil der Betreffende noch etwas für eine Klassenarbeit kopieren muss oder ein Gespräch mit einem Schüler hat. Die Frage, wer den Termin für das Gespräch festlegt, ist die erste kleine Machtprobe. Und falls der Kollege durch sein Fehlverhalten jetzt ein paar Unannehmlichkeiten hat, so ist das *sein Problem* und nicht Ihres. Für Kollegen, die Sie unterstützen, verschieben Sie auch schon mal einen Termin, nicht aber für diejenigen, die sich nicht an Ihre Regeln halten. So wird unmissverständlich deutlich: *Sie* bestimmen den Gesprächstermin – und nicht er. Das ist der erste Punkt für Sie.

Versuchen Sie darüber hinaus, Ihren »Heimvorteil« zu nutzen, indem Sie das Gespräch nicht auf dem Flur oder im Lehrerzimmer, sondern in einem Besprechungsraum oder besser noch in Ihrem Dienstzimmer durchführen. Auch sollten Sie den Betreffenden nicht abholen, sondern ihn zu einem bestimmten Zeitpunkt zu sich bestellen.

Die Tatsache, ob er pünktlich oder verspätet erscheint, ist ein erster Anhaltspunkt für seinen möglichen Widerstand. Sollte er tatsächlich so dreist sein, unpünktlich zu erscheinen, lassen auch Sie ihn mindestens ebenso lange warten, bevor Sie sich ihm zuwenden. Schließlich ist Ihre Zeit so kostbar, dass Sie sich in der Zeit, in der Sie auf ihn gewartet haben, etwas anderes vorgenommen haben. Es geht also um die Fragen:

▶ Wer bestimmt den Zeitpunkt des Gesprächs?
▶ Wer muss zu wem kommen?
▶ Wer muss auf wen warten?

Häufig wird empfohlen, ein Kritikgespräch nach dem »**Sandwich-Prinzip**« zu führen, also mit etwas Positivem anzufangen, dann die eigentliche Kritik zu äußern und wieder mit etwas Positivem zu schließen. Das kann man machen, aber man sollte es mit dem Positiven nicht übertreiben. Wer einen ständig unpünktlichen Kollegen zu Beginn überschwänglich für seine herausragende Organisation des letzten Schulfestes lobt und ihn dadurch bestätigt, wird es schwer haben, ihn zu einem anderen Verhalten zu bewegen. Es reicht daher völlig, den Kollegen mit einem »Gut, dass Sie da sind« zu begrüßen.

Die entscheidende Frage, die Sie sich stellen (und beantworten) müssen, bevor Sie die grobe Linie des Kritikgesprächs festlegen, ist folgende:

 Handelt es sich um eine Vergesslichkeit oder um einen bewussten Verstoß gegen die Regeln?

Diese Frage ist nicht immer leicht zu beantworten, aber es ist wichtig, spätestens im Gespräch zu einer klaren Einschätzung zu kommen. Bei einer einmaligen Vergesslichkeit kann man schon mal ein Auge zudrücken, ein häufiges »Vergessen« legt jedoch die Vermutung nahe, dass bewusst gegen eine Regel verstoßen wurde und die Vergesslichkeit nur als Ausrede dient.

In welcher Art und Weise sollte man das Kritikgespräch führen? Immer so, als sei das gesamte Kollegium im Raum. Also keine persönlichen Vorwürfe im Stile von: »Sie sind ja grundsätzlich unzuverlässig«, sondern immer auf die konkreten Vorfälle bezogen: »Sie haben acht Mal den Unterricht deutlich verspätet begonnen.«

Beim Kritikgespräch selbst gilt das Gleiche wie beim Umgang mit schwierigen Eltern und Schülern: **Lassen Sie sich nicht auf lange Diskussionen ein.** Gerade schwierige Kollegen sind ausgesprochen geschickt darin, ihr Fehlverhalten im Gespräch zu rechtfertigen, indem sie Ausreden präsentieren, auf andere Kollegen verweisen, die angeblich noch schlechter sind, oder die Schuld auf andere oder widrige Umstände schieben.

Lassen Sie uns einmal überlegen, mit wem man beginnen sollte, falls es gleich mehrere schwierige Kollegen an der Schule gibt. Instinktiv würde man wahrscheinlich mit dem schwersten Brocken anfangen, mit demjenigen, der am stärksten oder häufigsten gegen die Regeln verstößt. Das ist natürlich möglich, kostet aber viel Kraft, weil dieser Kollege vermutlich erheblichen Widerstand leisten wird. Unter Umständen genießt er als »negative Führungskraft« eine nicht unerhebliche Unterstützung von Teilen des Kollegiums. Deshalb kann es günstiger sein, etwas weiter unten anzufangen, nämlich da, wo geringerer Widerstand zu erwarten ist. Der Effekt: Ihre Zurechtweisung des betreffenden Kollegen wird sich wie ein Lauffeuer herumsprechen und seine Wirkung entfalten: Die anderen schwierigen Kollegen werden vorsichtiger, und auch der größte Widersacher merkt, wie die Luft für ihn allmählich dünner wird.

Es ist nicht notwendig, dass die schwierigen Kollegen Ihnen am Ende in Ihrer Kritik zustimmen. Falls Sie tatsächlich Einsicht in das Fehlverhalten erzeugen können, dürfen Sie sich glücklich schätzen. Denn das ist selten, aber keine Voraussetzung für Ihre Entscheidung. Schließlich sind die geltenden Lehrerpflichten – genau wie Ihre Ermahnung oder eine daraus resultierende Entscheidung – nicht zustimmungsbedürftig. Sie müssen ihn nicht davon überzeugen, wie sinnvoll es ist, dienstliche Verpflichtungen einzuhalten. Noch viel weniger müssen Sie dienstliche Verpflichtungen ihm gegenüber rechtfertigen. Nehmen Sie es einfach zur Kenntnis, besser noch zu Protokoll, wenn der Betreffende nicht Ihre Meinung teilt – und das war's dann. Falls er bestehende Regelungen für falsch hält, soll er dies der vorgesetzten Dienstbehörde schriftlich zur Kenntnis geben. Sie diskutieren mit ihm nicht darüber, sondern erinnern ihn nur noch einmal daran und fordern ihn auf, sich in Zukunft daran zu halten. Ein griffiger Satz, den man ruhig mehrfach wiederholen kann, lautet: »Ich will, dass Sie das wissen.«

Einige Führungskräfte tragen bei ihrer Kritik im übertragenen Sinne Samthandschuhe und scheuen sich vor harten Entscheidungen, weil sie Angst vor dem haben, was der Kollege später im Lehrerzimmer erzählt. Diese Sorge ist ziemlich unberechtigt. Natürlich wird er seine subjektive Sicht der Dinge, nämlich ungerecht behandelt worden zu sein, vortragen und einige Sympathisanten werden ihn vielleicht auch darin bestärken. Der Großteil des Kollegiums wird jedoch innerlich jubeln. Endlich wurde der Betreffende zur Rechenschaft gezogen! Und die Sympathisanten des Zurechtgewiesenen mit ähnlichem Verhalten werden wahrscheinlich vorsichtiger werden, um nicht in gleicher Weise zum Gespräch bestellt zu werden.

Vorsicht! Lassen Sie sich nicht aufs Glatteis führen, wenn Sie z. B. die Anweisung geben, in Zukunft pünktlich zu erscheinen, und der Betreffende dreist fragt: »Oder was?« Durch diese unverschämte Äußerung will er Sie aus dem Gleichgewicht bringen und damit zu einer unbedachten Äußerung bzw. Drohung verleiten. Schlucken Sie den Köder nicht, sondern sagen Sie nur: »Ich gebe Ihnen jetzt zum letzten Mal diese Anweisung. Sollten Sie dagegen verstoßen, *dann sehen wir weiter.*« Dadurch gewinnen Sie Zeit, um über diesen Fall nachzudenken, und halten sich alle Möglichkeiten offen. Dass Sie Ihr zukünftiges Verhalten nicht schon jetzt preisgeben, verunsichert den Betreffenden viel mehr, als wenn Sie jetzt schon ankündigen, was Sie machen werden.

3.4 Konferenzen

Auch Konferenzen können für schulische Führungskräfte zu kritischen Situationen werden. Bei einem einvernehmlichen Miteinander – und bei großer Lethargie – winken die meisten Lehrkräfte fast alles durch. Aber es gibt auch Kollegien, in denen es Grabenkämpfe untereinander gibt oder – noch schlimmer – in denen sich eine Gruppe von Kritischen gegen Sie als den Konferenzleiter wendet.

Glücklicherweise haben Sie das Mehrheitsprinzip auf Ihrer Seite. Deshalb brauchen Sie keine Einstimmigkeit für die von Ihnen präferierten Entscheidungen, sondern nur die Mehrheit. Es genügt also, die Top-Lehrer und die Soliden auf Ihre Seite zu ziehen. Dies wird Ihnen gelingen, wenn Sie sich nicht verunsichern lassen, sondern ruhig, aber bestimmt durch die Versammlung führen. Sicher kennen Sie Ihre Konferenzordnung so gut wie (oder besser als) Ihre Widersacher. Trotzdem ist es ausgesprochen hilfreich, die folgenden drei Tricks zu kennen:

▶ Sorgen Sie dafür, dass Ihre **Unterstützer** rechtzeitig erscheinen und in Zweier- oder Dreiergrüppchen **in den vorderen Reihen** sitzen, und zwar möglichst verteilt. Warum? Nun, Sie werden mit Gegenspielern aus den Reihen der Kritischen rechnen müssen, die sich nicht von ihrer Meinung abbringen lassen, aber es gibt auch andere Kollegen. Der größte Teil der Menschen ist oft unsicher und eher unentschlossen, deshalb schließt er sich im Zweifelsfall der Mehrheit an.
Säßen Ihre Unterstützer in den letzten Reihen und höben dort ihre Hand, so sähe es niemand. Sobald die Arme Ihrer Unterstützer jedoch in den ersten Reihen deutlich sichtbar nach oben gehen, bleibt das nicht ohne Wirkung auf die Unentschlossenen. Viele von ihnen werden sich diesem Trend anpassen. Die aufgelockerte Platzierung ist wichtig, um die ungünstige Wirkung eines geschlossenen Blocks zu vermeiden. Vielmehr soll der Eindruck entstehen, viele Kollegen würden sich ganz individuell für die von Ihnen vorgeschlagene Position entscheiden.

▶ **Vorsicht vor Dringlichkeitsanträgen!** Geschickte Gegenspieler versuchen gern, ihre Position über Dringlichkeitsanträge (Initiativanträge) durchzusetzen. Neben einer behaupteten Dringlichkeit, die meist gar nicht besteht, wird der Antrag vorangetrieben, indem man den Teilnehmern plump schmeichelt: Diese seien natürlich in der Lage, selbst ohne gründliche Vorbereitung über komplizierte Sachverhalte abzustimmen. Fast nebenbei wird noch darauf hingewiesen, dass man sich auf diese Weise einen weiteren Sitzungstermin erspare. Oft genug wirken diese Gründe, obwohl Dringlichkeitsanträge grundsätzlich unzulässig sind, eben weil man sich nicht auf sie vorbereiten kann. Falls es also nicht mindestens eine Dreiviertelmehrheit dafür gibt, sollten Sie präventiv vor der Abstimmung Ihr Veto einlegen, dies zu Protokoll nehmen und die Entscheidung später von höherer Stelle überprüfen lassen.

▶ Ein wenig bekannter, aber recht wirkungsvoller Trick ist die sogenannte »**falsche Gegenrede**«. Er basiert auf der Regel, dass es zu einem Geschäftsordnungsantrag nur *eine* Gegenrede geben darf. Machen wir es konkret: Als Erstes stellen Ihre Gegner einen Antrag zur Geschäftsordnung, der Ihnen nicht passt. Gleich darauf meldet sich ein Kollege (ebenfalls zur Gegenseite gehörend) zu einer Gegenrede. Aber das, was er inhaltlich darlegt, ist eigentlich gar keine Gegenrede, sondern wirres Zeug. Auf diese Weise versuchen Ihre Gegner, eine spätere echte Gegenrede zu verhindern, indem sie argumentieren, es sei ja schon eine Gegenrede gehalten worden und eine weitere sei nicht mehr zulässig. Wer in Bezug auf Konferenzordnungen nicht sattelfest ist, kann hier schnell ins Schwimmen kommen. Dabei ist die Lösung ganz einfach: Eine falsche Gegenrede wird nicht gewertet. Natürlich ist nach einer solchen noch eine inhaltlich echte Gegenrede zulässig.

4. Zusammenfassung

Auch die Kollegen haben sich in den letzten Jahrzehnten geändert, indem sie weniger autoritätsgläubig geworden sind. Deshalb sollten sie zunächst zur Kooperation aufgefordert und indirekt geleitet werden. Erst wenn dieser Weg versagt, muss direkt durch Anweisungen geführt werden.

▶ Interessieren Sie sich für die von Ihnen geführten Kollegen, gratulieren Sie zum Geburtstag, fragen Sie nach den Kindern.

▶ Versuchen Sie, gute Laune zu verbreiten. Der belastende schulische Alltag lässt sich dann viel leichter ertragen.

▶ Ergreifen Sie nicht vorschnell Partei (für die Eltern), sondern sehen Sie sich als Schiedsrichter. Sie sind unparteiisch.

▶ Laufen Sie nicht den Kritischen hinterher, sondern bringen Sie die Soliden auf Ihre Seite, denn diese entscheiden letztlich über die Atmosphäre in Ihrem Kollegium.

▶ Falls Ihr Angebot zur Kooperation abgelehnt wird, sollten Sie unbequem werden. Es gibt keinen Grund dafür, dass schlechte Lehrer sich in Ihrer Schule wohlfühlen.

▶ Loben Sie vor allen, aber kritisieren Sie unter vier Augen.

▶ Planen Sie Kritikgespräche sorgfältig, und nutzen Sie Ihren Vorteil.

Anhang

Hinweise zum Gebrauch der Schiedsrichterkarten

Auf S. 76 ff. habe ich erläutert, warum kurze Abläufe im Classroom Management besser funktionieren als lange: nicht viele Ermahnungen, sondern eine – und bei erneutem Fehlverhalten dann die angekündigte Sanktion. Das bekannteste Beispiel für einen solchen kurzen Ablauf kennen wir aus dem Fußball: ein Spieler bekommt auch für einen »leichteren« Regelverstoß die Rote Karte, wenn er zuvor bereits einmal mit der Gelben Karte verwarnt worden ist.

Diesem Buch liegen zwei Schiedsrichterkarten bei. Versuchen Sie einmal, sie in Ihrem Unterricht zu verwenden. Es lohnt sich!

So verwenden Sie die Gelbe Karte

1. Karten sichtbar bereitlegen bzw. griffbereit haben.

– Regelverstoß –

2. Gelbe Karte zeigen und Namen des betreffenden Schülers an die Tafel schreiben.

3. Den Schüler vor die Wahl stellen:
   Entweder ab jetzt Regel beachten – oder … (Maßnahme ankündigen).
   Keine Diskussion darüber!

4. Beim nächsten Verstoß: Rote Karte zeigen, d. h.: Keine weiteren Ermahnungen!

So verwenden Sie die Rote Karte

1. Rote Karte zeigen und Maßnahme verhängen.

2. Sichtbar machen, dass Maßnahme verhängt wurde (z. B. Namen des betroffenen Schülers an der Tafel mit Rot unterstreichen).

Wichtig: Keine Diskussion über die Maßnahme!

3. Unbedingt Namen und verhängte Maßnahme in den eigenen Unterlagen notieren (sonst wird es vergessen).